EXPOSITION UNIVERSELLE DE 1900

—

LES COLONIES FRANÇAISES

---

# Sénégal-Soudan

Agriculture, Industrie, Commerce

---

NOTICE RÉDIGÉE PAR LES SOINS

DU COMITÉ LOCAL D'ORGANISATION

DE L'EXPOSITION DE 1900

PARIS

Augustin CHALLAMEL, Éditeur

Librairie Maritime et Coloniale

RUE JACOB, 17

—

1900

# Sénégal-Soudan

EXPOSITION UNIVERSELLE DE 1900

LES COLONIES FRANÇAISES

# Sénégal-Soudan

## Agriculture, Industrie, Commerce

NOTICE RÉDIGÉE PAR LES SOINS

DU COMITÉ LOCAL D'ORGANISATION

DE L'EXPOSITION DE 1900

PARIS

Augustin CHALLAMEL, Éditeur

Librairie Maritime et Coloniale

RUE JACOB, 17

1900

# SÉNÉGAL-SOUDAN

## TOPOGRAPHIE, FLEUVES ET RIVIÈRES

La côte d'Afrique, depuis l'embouchure du Sénégal jusqu'à Sierra-Leone, est basse, bordée d'une triple ligne de bancs de sable sur lesquels la houle de l'Océan vient briser sans cesse avec plus ou moins de force. Cette poussée continuelle des sables vers la côte forme, à l'entrée de chaque cours d'eau, des barres que les navires ne franchissent que par les temps calmes et guidés par un pilote familiarisé avec tous les détours du chenal étroit que les courants se frayent au travers du sable.

Au Sud-Est de cette région s'élève le massif montagneux du Fouta Djallon d'où descendent, vers l'Ouest et le Nord, les nombreuses ramifications dont sont formés les bassins supérieurs des principaux fleuves et rivières qui se dirigent vers la côte.

Cette chaîne principale du Fouta-Djallon est un des massifs les plus importants de l'Afrique occidentale. Elle forme des terrasses distinctes, des rangées de montagnes successives et plus ou moins parallèles qui se dégradent et avancent vers l'Ouest et vers le Nord. A l'Ouest, une dernière chaîne de montagnes sépare le

Sénégal-Soudan.                                                    1

haut pays des contrées basses et marécageuses du littoral ; au
Nord, c'est une contrée boisée et couverte de steppes unies qui
sépare ce même pays des déserts de sable.

L'aspect général de la région située entre le Sénégal et la
Gambie, sauf les territoires du haut pays, immédiatement placés
sur le bord de l'eau, présente un caractère particulier. Ce ne sont
partout que terrains sablonneux recouverts d'une rare verdure
qui ne rappelle en rien la végétation luxuriante des pays inter-
tropicaux. Néanmoins, le sol est fertile et, lorsque les populations indigènes qui, comme toutes celles de l'Afrique, sont relativement très peu denses, ne sont pas occupées à des guerres
intestines ou religieuses, le sol se couvre de produits que de
nombreuses caravanes viennent annuellement échanger à nos
escales contre des marchandises d'Europe.

Au Sud de la Gambie, dès que l'on est arrivé à la rivière Casamance, l'aspect de la contrée change complètement : la verdure
reparaît partout et la végétation se montre avec autant de force
et d'éclat que dans les autres parties du monde, sous les mêmes
latitudes.

Les principales rivières qui vont se jeter à la mer, depuis
l'embouchure du Sénégal jusqu'à la colonie anglaise de Sierra-
Leone, sont : La rivière *Saloum*, la *Gambie*, la *Casamance*, la
rivière *Cachéo* ou *Santo-Domingo*, la rivière du *Géba*, le *Rio-Grande*,
la rivière *Cassini*, la rivière *Compony*, le *Rio-Nunez*, le *Rio-Pongo*,
la rivière *Mellacorée*, les deux *Scarcies*.

Le *Sénégal*, un des grands fleuves de l'Afrique, prend sa source
dans le Fouta-Djallon, en deux points différents, d'où sortent
deux rivières qui, sous le nom de Bakhoy et de Bafing, coulent
du Sud-Est au Nord-Ouest et se réunissent à Bafoulabé. Il se
dirige ensuite jusqu'à Podor conservant à peu près la même direction et s'infléchissant davantage vers l'Ouest ; arrivé là, il tourne
brusquement de ce côté jusqu'à quelques kilomètres de la mer
pour descendre plus brusquement encore vers le Sud, en se rap-

prochant graduellement de la côte, dont il n'est plus séparé dans la dernière partie de son cours que par une langue de sable. Son embouchure est sujette à des déplacements fréquents et une barre souvent dangereuse en rendait jadis l'accès difficile pour les navires à voile. C'est entre deux bras de ce fleuve, sur une île de sable, à quelques milles de son embouchure, que se trouve Saint-Louis, chef-lieu de la colonie, et jusqu'à présent, la plus grande et la plus belle ville de la côte occidentale d'Afrique.

Les pays arrosés par le Sénégal sont nombreux et habités par des races de formes, de couleurs et de mœurs caractéristiques très différentes les unes des autres. Les Bambaras, les Saracolès, des Toucouleurs et des Peuls habitent les deux rives du bassin supérieur; les Maures occupent la rive droite du moyen et bas Sénégal; les Toucouleurs, les Peuls et les Ouolofs la rive gauche de ces deux mêmes parties. Ces vastes étendues forment, en remontant le fleuve, les provinces suivantes :

1° Sur la rive droite, le pays des Maures Trarzas, des Maures Braknas et des Maures Douaïchs ou Dowiches, trois grandes familles divisées en une infinité de tribus et placées par divers traités sous le protectorat du gouvernement du Sénégal. En amont de Bakel, cette même rive est occupée par des pays noirs (Guidimakha, Diombokho, etc.).

2° Sur la rive gauche : Le Oualo, le Dimar, le Toro, le Lao, le Fouta, le Damga, le Boundou, le Guoye, le Kaméra, le Bambouk.

A mesure que notre influence se consolida, nous construisîmes des postes qui permirent à nos bâtiments de commerce de naviguer avec sécurité. Quelques-uns de ces postes sont très anciens, d'autres de création plus récente; d'autres enfin sont complètement abandonnés. Le seul actuellement occupé par une garnison, dans la partie du cours du fleuve relevant du gouvernement du Sénégal, est Kaédi ou plus exactement Kaéaédi (ce poste, créé en 1890 et rebâti en 1894, est situé sur la rive droite). En amont, on rencontre Bakel, Kayes, Médine et divers postes de moindre importance.

Le fleuve Sénégal reçoit encore au-dessous du confluent du Bafing et du Bakhoy deux affluents notables, qui sont :

Sur la rive droite, la rivière de Koniakary qui, prenant sa source dans les plateaux situés au nord du Kaarta, vient se jeter dans le fleuve un peu au-dessous de Médine.

Sur la rive gauche, la Falémé qui prend sa source dans le Fouta-Djallon et vient se jeter dans le fleuve au-dessus de Bakel. On y avait construit, sous le gouvernement du général Faidherbe, le poste de Sénoudébou, réoccupé et abandonné de nouveau à plusieurs reprises.

Les lacs Cayar ou Ten-Yaya, sur la rive droite, Paniéfoul ou de Guier, sur la rive gauche, après avoir reçu le trop plein du fleuve pendant les inondations, lui envoient leurs eaux par des marigots qui ne sont pas assez considérables ou dont le courant n'est pas assez nettement prononcé pour mériter le nom d'affluents.

Le *Saloum*, auquel on donne très improprement la qualification de rivière, n'est autre chose qu'un bras de mer pénétrant très avant dans les terres et se ramifiant en plusieurs dérivations ou marigots qui se détachent du courant principal formé par le flux et le reflux de la marée. Il ne reçoit aucun affluent d'eau douce, sauf au moment des grandes pluies de l'hivernage. Cet estuaire marin et les marigots qui en dérivent baignent de leurs eaux toujours salées les états indigènes du Saloum, du Sine, du Niom et du Rip.

A 60 milles marins environ de son embouchure, on trouve, sur la rive droite, le poste français de Kaolak, que les grands bateaux peuvent atteindre en toute saison.

La *Gambie* appartient aux Anglais dans son cours inférieur jusqu'à Yarbatenda.

La *Casamance* est également un estuaire marin dans son cours inférieur ; mais elle est formée, dans la partie supérieure de son bassin, par plusieurs ruisseaux d'eau douce qui prennent naissance dans les terres basses du Firdou et du Fouladougou, non loin des premiers contreforts du massif du Fouta-Djallon. Ses bords sont couverts d'une belle végétation. Dans la haute Casamance, sur la rive droite, on trouve le poste français de Sedhiou. Dans la basse Casamance, sur une île située presque à l'entrée de la rivière, celui de Carabane. Entre les deux, sur la rive gauche, l'établissement de *Zighinchor*, que le Portugal a cédé à la France en échange du Rio-Cassini par l'arrangement du 12 mai 1886.

Cette rivière reçoit, sur la rive droite, un affluent important, le *Songrougou*.

Entre le Sénégal et la Gambie s'étend un vaste pays, boisé mais peu habité par suite de l'absence d'eaux courantes et de la grande profondeur à laquelle il faut creuser les puits. C'est le Ferlo, parcouru cependant par des Peuls nomades et leurs troupeaux.

# INDUSTRIE

L'industrie est peu développée au Sénégal. Quelques établissements sont entre les mains des Européens ; quant à l'industrie locale, destinée aux besoins des indigènes ou à l'utilisation des produits du pays, elle ne compte guère et est des plus primitives, d'autant réduite aujourd'hui que les maisons de commerce et les traitants fournissent la plus grande partie des objets d'usage courant.

Les artisans les plus répandus sont les forgerons, les cordonniers et les tisserands. Les *forgerons* se divisent en deux catégories, ceux qui travaillent le fer et ceux qui font les bijoux, ces derniers jouissant de beaucoup plus de considération. Leur matériel est très primitif, l'enclume n'est souvent qu'un morceau de fer fixé dans le bois. Leurs outils se composent d'un mauvais marteau et quelques pinces ; ils font des poignards, des instruments agricoles, des lances, etc... ; les bijoutiers ouolofs sont particulièrement adroits pour le travail en filigrane. Les *tisserands* emploient le vieux métier à manche que l'on peut encore trouver en France dans quelques villages reculés ; ils fabriquent des bandes d'étoffe de coton de 10 centimètres de largeur environ ; ces bandelettes réunies ensemble font des pagnes de différentes couleurs, où l'indigo domine le plus souvent. Les *cordonniers* préparent et travaillent le cuir, ils savent lui donner des couleurs brillantes, font des sandales, étuis à coran, fourreaux de sabre, de poignard, etc... Ce sont généralement les femmes qui font la poterie : gargoulettes, marmites, canaris, etc.; l'argile des rives du fleuve est particulièrement réputée pour cette fabrication.

L'industrie du bois est, chez les populations musulmanes, entre les mains des Laobés, race particulière disséminée au milieu des autres populations du Sénégal et du Soudan ; les Laobés font des ustensiles très primitifs, jattes, cuillers, mortiers à couscous, etc...

A côté de ces artisans qui représentent l'industrie indigène proprement dite, il y a quelques ouvriers d'art formés dans les différents ateliers de la marine, des travaux publics, de l'artillerie, etc...; ces ouvriers, maçons, forgerons, menuisiers, mécaniciens, ne manquent pas d'habileté et rendent les plus grands services sur toute la Côte occidentale d'Afrique.

Les établissements industriels du Sénégal sont : la briqueterie de Bap N'Khion, les usines à glace et les usines électriques.

La briqueterie a été installée par MM. Bruzeaux et Poyard, dans l'île de Bap N'Khion, au nord de Saint-Louis. Fondé vers la fin de 1897 avec un matériel à bras et à traction de chevaux, l'établissement fonctionne depuis 1898 et donne les résultats les plus encourageants ; son matériel a été successivement amélioré et répond aujourd'hui aux perfectionnements les plus récents des établissements similaires de la métropole ; il comprend une chaudière Mœyer d'une force de 50 chevaux destinée à fournir la vapeur à une machine verticale de 30 chevaux développant 150 tours à la minute et qui actionne :

1° Une machine à hélices et broyeur à cylindre pouvant produire 10.000 unités par jour, tant en briques pleines et creuses qu'en galettes à tuiles ;

2° Une presse à 5 pans pour tuiles à triple recouvrement et pouvant presser de 6.000 à 8.000 tuiles par jour ;

3° Un broyeur de terre pour réduire l'argile en poudre ;

4° Un malaxeur de terre demi-ferme, épurateur pour enlever de l'argile toutes les matières étrangères et la malaxer en même temps ;

5° Une rabotteuse pour briques pleines.

La cuisson a lieu dans un four annulaire de 34 mètres de long divisé en 16 compartiments, pouvant contenir 150.000 briques et tuiles et construit d'après les données les plus récentes.

L'éclairage électrique existe à Saint-Louis et à Rufisque ; la première usine a été installée en 1888 par M. Vaubourg, ancien conducteur des ponts et chaussées, et a été cédée ensuite à la Société qui en fait encore l'exploitation ; aujourd'hui les hôtels du gouvernement et des chefs d'administration, les monuments publics, les bâtiments militaires et presque toutes les maisons de Saint-Louis sont éclairés à l'électricité ; le matériel de l'usine comprend :

2 machines horizontales fixes ensemble de la force de 150 chevaux ;

2 dynamos-gramme l'un de 225 ampères et l'autre 150 sous 110 volts chacun;

1 chaudière semi-tubulaire à foyer intérieur en tôle ondulée produisant 1600 k. de vapeur à l'heure sous 9 k. 1/2 de pression;

1 condenseur par surface de 2.000 k. de vapeur à l'heure.

L'usine de Rufisque comprend :

1 machine horizontale fixe de 32 chevaux ;

1 dynamo-gramme de 150 ampères ;

1 chaudière de Mœyer produisant 750 k. de vapeur à l'heure sous 8 k. de pression.

L'usine à glace de Saint-Louis date de 1892; ses produits sont de bonne qualité et rendent les plus grands services ; le matériel se compose d'une machine système Raoul Pictet fabriquant 100 k. de glace à l'heure et d'une chaudière de Mœyer produisant 750 k. de vapeur par heure sous 8 k. de pression.

A Dakar, on consomme de la glace naturelle que la Compagnie Française fait venir chaque année de l'Amérique du Nord.

D'autres essais industriels faits durant ces dernières années n'ont pas obtenu tout le succès qu'ils méritaient : des huileries à arachides et à palmistes ont été installées au Sénégal et en Casamance. La main-d'œuvre et le prix de revient des produits étaient trop élevés et n'ont pas permis de continuer. On a également essayé, sans grand succès, la fabrication de l'alcool avec le mil et le vin de palme ; en ce moment un industriel établi à Joal tente une exploitation de pierres faîtières et a déjà obtenu des résultats satisfaisants.

# COMMERCE DU SÉNÉGAL

## COUP D'ŒIL RAPIDE SUR LE PASSÉ

---

### Période antérieure (1626-1791)

#### GRANDES COMPAGNIES — MONOPOLES

*Commerce d'échanges ou traite : gomme, morfil, poudre d'or, esclaves.* — Le Sénégal, que l'on dénomme parfois la plus ancienne de nos colonies, n'est en réalité une colonie que depuis fort peu de temps.

Pendant des siècles, il fut un simple établissement de commerce, confiné dans l'île de Gorée d'abord, dans les îles de Gorée et de Saint-Louis ensuite, ayant sur le continent de simples comptoirs, établis moyennant coutumes payées aux roitelets du pays et sous le couvert des traités, fréquemment violés de part et d'autre, d'ailleurs.

L'origine de cet établissement remonte à 1626, année où une société dite : Association des marchands de Dieppe et de Rouen, composée d'armateurs, de marchands et de négriers, vint le fonder. Sa seule raison d'être fut longtemps d'approvisionner la France en gomme, en ivoire, en poudre d'or et l'Amérique en esclaves.

De 1626 à 1791, le commerce des établissements du Sénégal est concédé à de grandes compagnies privilégiées qui seules ont le droit d'y vendre, échanger et acheter, ce qu'on exprime par le mot *traiter*. Les unes font fortune, les autres se ruinent.

*Pacte colonial : Tout de la métropole, tout à la métropole, tout par la marine métropolitaine.* — Tous les articles destinés à la vente, à l'échange, à l'achat, à la traite, en un mot, doivent nécessairement être tirés de France. Par faveur, ils sont affranchis des taxes de sortie du royaume quand ils sont destinés à la traite des « nègres » (le mot « noir » est inconnu dans ces temps-là, l'emploi en est même tout à fait récent). Tout ce que produit la vente, le troc ou l'achat doit obligatoirement être ramené directement en France, sauf les nègres esclaves qui doivent être conduits directement dans les colonies françaises de l'Amérique. Les navires français sont seuls admis à faire ces *opérations*.

## Première période (1791-1816)

### PACTE COLONIAL

*Fin des monopoles.* — La révolution de 1789 ne modifia guère cet état de choses. Un décret des 18-23 janvier 1791 a beau dire : « Le commerce du Sénégal est libre pour tous les Français », le régime des grandes compagnies n'en continue pas moins longtemps encore, de par la possession d'état ; et, si elles n'ont plus le monopole de droit, elles l'ont de fait, tous les établissements leur appartenant ainsi que tout l'outillage.

Les anciennes entraves sont maintenues. Les objets que la France ne peut produire peuvent être tirés des entrepôts des ports de France, mais ils doivent préalablement payer les droits d'entrée. C'est le seul adoucissement. Un luxe de précautions minutieuses entoure les expéditions pour l'Afrique. On copie simplement les anciennes ordonnances et lettres patentes royales, quand on ne se borne pas à s'y référer.

Le pacte colonial défini plus haut est appliqué dans toute sa rigueur. Le chargement ramené en France, ou exporté aux colonies des Antilles doit toujours « contrebalancer » *exactement* la valeur du chargement de départ.

*Commerce d'échanges ou traite : gomme, morfil, poudre d'or, esclaves*. — Le commerce consiste toujours uniquement en gomme d'abord, en morfil (actuellement ivoire) et en poudre d'or pour la France, en nègres pour les colonies d'Amérique.

La contre-partie consiste en armes et poudre de traite, en verroterie, en tissus de diverses sortes, *guinée*, principalement en sel, en barres de cuivre et de fer (La barre de quatre pattes « a « même longtemps été une sorte d'étalon auquel était ramenée la « valeur des autres produits ») et en bibelots de toute sorte, dont un assortiment (réglé par arrêtés !) constitue, sous le nom de *bagatelle*, l'appoint de tout marché de 1,000 livres de gomme.

De 1809 à 1817, domination anglaise.

### Deuxième période (1816-1848)

#### PACTE COLONIAL MITIGÉ

##### I. — ESSAIS DE CULTURE

*Tentatives et encouragements*. — L'année 1816 voit s'ouvrir pour le Sénégal une nouvelle ère. D'abord plus de traite des nègres. Elle est abolie (officiellement au moins) et passe à l'état de contrebande répressible. Ensuite la métropole va s'occuper du Sénégal autrement que pour le réglementer, quoique toujours pour l'exploiter.

Les facilités accordées jadis à la traite des nègres sont étendues au commerce ordinaire ; la valeur des retours devra toujours contrebalancer celle des expéditions, mais une tolérance est admise, laquelle ira toujours s'élargissant; certains privilèges seront accordés aux marchandises de retour (produits sénégalais) qui ne seront plus traitées comme étrangères, mais jouiront, au contraire, d'un tarif de faveur. Elles ne seront plus, non plus, bornées aux trois denrées primordiales, gomme, morfil, poudre d'or, auxquelles s'ajouteront successivement les bois d'ébénisterie, puis les peaux sèches, puis les plumes de parure, les objets de collection, etc.

Dès 1818, les « retours » ne sont plus astreints qu'à « toucher » en France pour s'y faire reconnaître et peuvent ensuite suivre pour toutes destinations, et, de simple établissement commercial qu'il était, le Sénégal est promu au rang de colonie à culture, ajoutant à ses privilèges anciens ceux de ces dernières.

Seulement la métropole, hantée par la vision des cultures riches des Antilles et des Indes, voulut les introduire en Afrique. Des essais sérieux furent tentés par le baron Roger, par le gouverneur Jubelin, des sacrifices considérables, sous forme de primes à la culture et à l'exportation, furent consentis par la colonie dans le but de développer la culture du coton, celle de l'indigo (plantes spontanées ici), du café, du rocou, de la cochenille (il y a des nopals sauvages); mais rien n'y fit, et le gouverneur Brou, *tout frais débarqué*, avec probablement un thème hostile tout fait, déclare, en décembre 1829, « que l'insuccès des cultures au Séné-« gal, là où elles ont été tentées, tient à des causes surhumaines « qu'il faut bien enfin reconnaître » (!) et coupe court à toutes subventions, sauf en ce qui concerne l'indigo.

*Insuccès, les causes.* — Les causes de l'insuccès ne sont nullement *surhumaines*; elles sont : 1° l'insécurité d'un pays continuellement exposé aux razzias des tribus de l'intérieur toujours en guerre contre nous ou entre elles; 2° et l'hostilité sourde des négriers d'exportation et de leurs complices locaux dont le trafic, pour être devenu clandestin, n'en était pas moins actif. La culture,

rendant les bras nécessaires dans le pays et tendant à fixer le noir
à la terre, augmentait sa valeur d'achat, ce qui diminuait d'autant
le bénéfice de cette intéressante corporation !

La culture fut donc vaincue, non par des obstacles surhumains,
mais un peu, il faut l'avouer, par la légèreté de certains agents
de colonisation, et surtout par de *mystérieux* incendies qui rava-
geaient les plantations au moment opportun ! Le planteur com-
prenait. Il s'en allait, ruiné.

Et pourtant l'avenir de la colonie (du moment qu'elle ne devait
pas rester un simple établissement volant) était dans la culture !
Le présent le prouve.

## II. — Commerce d'échanges ou traite

### gomme — morfil — poudre d'or et produits naturels

*La traite.* — Mais heureusement que durant ces essais infruc-
tueux le commerce de la gomme, que l'on appelait et que l'on
appelle encore la traite de la gomme, prospérait dans le fleuve
Sénégal et suffisait à entretenir la vitalité de la colonie.

Chaque année à date à peu près fixe, en janvier, les eaux étant
basses dans le fleuve Sénégal et sauf événements de guerre, un
coup de canon ouvre la traite qu'un autre coup de canon fermera
le 31 juillet ou aux environs, au fort de la crue annuelle.

*Grands traitants.* — La traite de la gomme était aux mains d'une
corporation honorable, les traitants de gomme ou grands traitants, sévèrement triés, dont la liste, publiée chaque année aux
papiers officiels, était délibérée et arrêtée en conseil d'administration par le gouverneur lui-même. Difficile d'y entrer, il était
très facile d'en sortir. La moindre peccadille entraînait la radia-
tion. Un syndicat élu exerce parmi eux une sorte de magistrature,
surveille la régularité de leurs opérations, leur comptabilité, fort
sévère, et s'assure, concurremment avec la douane, que *toute la
gomme traitée* est bien envoyée en France.

*Les escales. Réglementation sévère, protection.* — La traite se fait d'après des règles fixes, a des « escales fixes également », sous la surveillance (qui est en même temps une protection *nécessaire*) d'un bâtiment de guerre dont le commandant porte le titre et a l'autorité de *commandant des escales*. Le tribut que, sous le nom de coutume (custom, douane), chaque traitant doit aux princes du pays est payé en sa présence ; il connaît de toutes les contestations qui peuvent survenir entre traitants ou entre traitants et Maures, il les juge avec l'assistance de syndics locaux élus dans chaque escale par les traitants présents. Il a le droit de fermer la traite, sauf appel au gouverneur, en cas de troubles graves.

En même temps que les traitants quittent Saint-Louis, les Maures, Bracknas, Trarzas, Douaïchs et autres populations errantes de la rive droite, de race berbère, amènent au fleuve que le retrait des eaux a rendu accessible, et accumulent dans les escales traditionnelles, ou plutôt en face, sur leur rive à eux, les gommes que, dans leur migration annuelle ils ont recueillies au sein des bois d'acacias de l'intérieur, et la traite s'ouvre.

*Petits traitants, colporteurs et marigotiers.* — Au-dessous des grands traitants, nous trouvons les petits traitants, colporteurs ou marigotiers, ainsi nommés parce qu'ils fréquentent principalement les marigots ou arroyos pénétrant dans l'intérieur des terres, lesquels sont fermés aux traitants de gomme. Ils y trafiquent de tout, excepté de la gomme. Celle-ci leur est absolument interdite. Il y a confiscation ou pis encore, pour toute gomme surprise dans les marigots ou en sortant.

Lorsque la traite des escales prend fin, les eaux du fleuve, grossies par les pluies de l'hivernage commencées dans l'intérieur, ont, en débordant, chassé les Maures et rendu possible la montée des bateaux jusqu'à Bakel et au delà.

*Le voyage de Galam.* — Alors se prépare le voyage (ou traite) de Galam, ouvert comme la traite de la gomme, par un arrêté du gouverneur, et, au jour dit, soit fin août, soit courant septembre, le long convoi de chalands, qui doit monter sous la protection d'un navire de guerre, s'ébranle. La traite s'organise en Galam exactement comme elle l'a fait dans le bas du fleuve, avec coutumes et le reste, les grands traitants traitent la gomme, l'or et l'ivoire dans les escales, les autres, colporteurs et marigotiers, traitent le reste ; le 31 décembre tout le monde doit être descendu : le gouvernement ne répond plus de la sécurité de personne, car les eaux baissent et les Maures, voleurs à main armée toutes les fois qu'ils ne sont point forcés de faire autrement, se rapprochent des rives.

### III. — LES VILLES. — COMMERCE SÉDENTAIRE

Mais à côté de ce commerce de la traite, et l'alimentant, nous trouvons un commerce sédentaire, ancien déjà dans les îles de Saint-Louis et de Gorée, naissant dans les villes de Dakar et de Rufisque, ici, pour ce qu'on appelle la petite côte et les rivières du sud, à Saint-Louis pour le Sénégal. Ce commerce trafique non seulement pour son propre compte avec les riverains qui fréquentent la ville en grand nombre et y viennent troquer leurs produits contre ceux de notre industrie, mais encore alimente la traite en guinées (pièce de tissu monnaie), et autres tissus blancs ou de couleur, en barres de fer (monnaie également, la subdivision était la *patte*, dont 4 font la barre), en verges de cuivre, et autres objets énumérés plus haut. Très souvent même ses membres sont aussi grands traitants.

Ce commerce sédentaire était très prospère, chaque maison fournissait tous les articles de vente.

Cela dura jusque vers 1850 environ,

## Troisième période (1848-1863)

### PACTE COLONIAL MITIGÉ — TRAITE ET CULTURE

*L'arachide, sa réussite rapide, causes.* — En 1848, l'arachide, dont la culture devait révolutionner toutes les conditions économiques de la colonie, avait fait son apparition officielle. On l'affranchit (22 mai) du droit de sortie de 2 o/o affectant tous les produits du sol. Ce fut là toute la protection qu'elle obtint, ce qui n'empêcha pas sa fortune rapide et durable, preuve que les initiateurs qui avaient jugé le Sénégal colonie de culture avaient vu juste.

*Transformation profonde.* — Dès ce moment un double mouvement s'accentue : décadence de la traite en tant que commerce exceptionnel et part de plus en plus prépondérante du commerce normal, par la substitution progressive de l'achat en numéraire à l'échange en nature. Ce dernier qui était la règle au temps de la traite, puisqu'il était sévèrement interdit d'y porter du numéraire avec soi, est devenu l'exception de plus en plus rare.

A mesure que sous l'impulsion énergiquement donnée par Protet et Faidherbe (1855) la colonie sort enfin de ses îles et prend pied sur la terre ferme, puis s'y étend par le refoulement des tribus Maures pillardes sur la rive droite et par la soumission des noirs (qui ne demandaient pas mieux) sur la rive gauche, l'extension inespérée de la production de l'arachide aidant, une modification profonde s'accentue dans les habitudes du commerce, les escales traditionnelles disparaissent ; les escales libres se multiplient, puis deviennent des localités permanentes, Dagana, Podor, Saldé, Matam, Bakel, Médine où la traite (lisez maintenant le commerce) est libre et dispensée de toute coutume (1861). Celle-ci, passée au compte de la colonie, est devenue un impôt régulier, autrefois une pièce de guinée versée au commandant

Sénégal-Soudan.                                                2

d'escale par 1000 livres de gomme traitée aux escales, aujourd'hui
1 fr. 50 par 100 kilogs exportés du Sénégal.

Dès cette époque, toutes les entraves accumulées en vue d'assurer la sécurité des convois vont disparaître. Aussi lorsque in-
terviendra, bien plus tard, le décret du 22 mars 1880, proclamant
*la liberté du commerce dans le fleuve Sénégal*, il ne fera que sanction-
ner une situation créée dès longtemps par la force des choses.

### Quatrième période (1863-1890)

#### PACTE COLONIAL ABROGÉ

*Refonte lente de la législation dans le sens de la liberté.* — Période de recueillement et d'étude qui débute par la magistrale
déclaration du 14 novembre 1863 où le conseil d'administration de la colonie, consulté, trace en 11 articles le programme
libéral dont la réalisation à peu près intégrale a rendu possible la
période de développement actuelle. Les vœux émis seront successivement comblés par des arrêtés ou des décrets.

Le 30 novembre 1864, un arrêté bien motivé supprime toutes
les entraves créées, en vue de le pouvoir efficacement protéger, au
commerce dans l'intérieur de la colonie (8ᵉ vœu).

Mais le décret du 24 décembre 1864 est autrement important.
Il réalise à peu près les 10 autres vœux.

D'abord le pacte colonial, *tout de la métropole, tout à la métropole,
tout par navires de la métropole*, le pacte colonial est brisé. Dès cette
date, la colonie peut s'approvisionner partout, envoyer ses produits partout, et ce, par navires de tout pavillon.

De cette date aussi l'île de Gorée, constituée en entrepôt par
ordonnance royale du 7 janvier 1822, est déclarée port franc, et
affranchie de toute taxe de douane.

Cette date aussi marque la création du régime de l'entrepôt fictif à Saint-Louis. Le bénéfice en sera étendu, le 19 juin 1880, aux villes de Gorée, Dakar et de Rufisque.

L'année 1867 voit réaliser la substitution d'un droit d'entrée à l'antique droit de sortie. La réforme commence par Saint-Louis, c'est-à-dire par le Sénégal du nord ; elle voit aussi l'imposition d'un droit au Sénégal du sud, de Dakar à la Mellacorée qui jusqu'alors avait été de fait côtes franches. On débute par une taxe de sortie, faute bientôt reconnue, car le 20 janvier 1879 un décret nouveau étend la perception du droit d'entrée jusqu'à la Gambie anglaise, ne maintenant la taxe de sortie que pour les territoires situés au delà de cette colonie étrangère.

*Accession à l'union postale universelle. Voie ferrée.* — En 1881, le Sénégal entre dans l'union postale universelle et bénéficie dès lors du régime des colis postaux ; l'année 1882 voit signer, le 29 juin, la loi autorisant l'établissement d'une voie ferrée de Dakar à Saint-Louis. La réception générale aura lieu le 2 juillet 1885.

La colonie a désormais son outillage commercial au complet et nous entrons à pleines voiles dans les temps modernes.

Un décret du 2 décembre 1890 viendra mettre de l'ordre et de l'unité dans ses tarifs, issus d'arrêtés et de décrets dictés par les circonstances ; il inaugure ainsi le régime encore en vigueur.

### Cinquième période (1890 à nos jours)

#### COMMERCE ET CULTURE — GOMME — ARACHIDE — CAOUTCHOUC

Chacune des périodes que nous venons d'étudier rapidement peut se caractériser par un commerce ou par un produit dominant, ou par un fait saillant :

Période antérieure (1626-1791). — *Traite des esclaves*, presque exclusivement. Pacte colonial *strict*.

1re période (1791-1816). — *Gomme, ivoire et poudre d'or*. Pacte colonial *strict*.

2e période (1816-1848). *Gomme. Grande traite*. Pacte colonial *mitigé*. Essais de *cultures riches*.

3e période (1848-1863). — *Arachide. Déclin de la traite*.

4e période (1863-1890). — Pacte colonial *abrogé. Arachides*. Inauguration d'un *régime de liberté. Chemin de fer*. Fin de la traite-troc.

5e période (1890-1900). Victoire définitive du *commerce en numéraire*. Extension de la *culture*. Culture du *caoutchouc*.

Le commerce actuel du Sénégal ne roule donc plus, comme aux temps primitifs, sur les seuls produits de cueillette ou d'aventure, la gomme, l'ivoire mort, la poudre d'or, mais sur un produit de culture sérieux, l'arachide, qui s'exporte chaque année par dizaines de millions de tonnes. Cependant cette plante unique, toute précieuse qu'elle soit pour la colonie, la laisse exposée à tous les dangers de la monoculture ; aussi M. le gouverneur général Chaudié, à qui les choses de l'agriculture tiennent tant à cœur, à juste titre, car l'agriculture c'est la richesse sûre, durable, croissante, a-t-il réussi par les encouragements et l'énergique impulsion donnée à ce service, à provoquer la culture de nombreux produits nouveaux, en tête les essences caoutchouquières de l'Amérique, entre autres, le caoutchouquier de Céara, lequel semble s'acclimater fort bien. De la sorte, le caoutchouc, aujourd'hui produit d'aventure et de cueillette, comme la gomme, passera au rang de production normale, réglée et assurée, comme l'arachide. Et le produit de sa vente, transformé à son tour en articles d'importation, viendra d'autant accroître notre mouvement commercial.

Les articles actuels d'exportation du Sénégal sont donc, par rang d'importance, l'arachide, la gomme, le caoutchouc, qui a déjà conquis bon rang, l'or natif, les peaux d'oiseaux et plumes de parure, les amandes de palme, l'ivoire et mille broutilles.

La contre-partie, c'est-à-dire l'importation, nous offre, toujours par ordre d'importance en valeur, les tissus de coton, les guinées, les ouvrages en fonte et en fer, les tabacs en feuilles, les noix de kola, plus nécessaires à l'indigène qu'à nous le pain ; les sucres dont il est très friand ; deux articles très importants aussi, bien que leur valeur intrinsèque plus faible, les place loin après les précédents, c'est le sel marin (4515 tonnes) et c'est l'alcool (16.000 hectol. environ). Viennent ensuite la poudre de traite, les armes, les verroteries et les fers de toute espèce.

Le mécanisme de ce commerce sénégalais est si curieux qu'on ne résiste pas à la tentation de l'exposer ici, bien que l'espace nous soit très mesuré.

L'indigène maure ou noir arrive à l'escale avec sa récolte ou son butin : gomme, arachide, caoutchouc, or natif, mil, et autres produits. Si sa marchandise n'est pas d'avance retenue par quelque maison avec laquelle il est en compte, les inévitables maîtres de langue, jadis auxiliaires nécessaires, aujourd'hui fléau, l'assaillent, se l'arrachent, se le disputent et le vainqueur l'amène, moyennant commission honnête, chez l'acheteur de son choix ou chez son patron

La marchandise est vendue et payée en numéraire, au comptoir ; mais, le maître de langue aidant, l'indigène passe à la « boutique de vente », celle de l'acheteur lui-même le plus souvent ; il y laisse généralement, pour s'approvisionner selon ses besoins, et, si la récolte a été bonne, se payer et payer à ses femmes les fantaisies les plus inattendues, une bonne partie de l'argent touché au comptoir, lequel rentre ainsi de suite.

En ville, les choses se passent un peu différemment, mais le résultat final est toujours le même. Son argent touché, l'indigène, suivi de sa smala et piloté par le maître de langue, vague à travers la ville, parcourt toutes les boutiques, entrant par une porte et sortant par l'autre, avant de faire son choix. Ceci fait, il s'accoude à la banque, les pourparlers commencent. Et ce n'est pas une petite affaire, car c'est un acheteur mûri que le noir du Sénégal. Ici, comme aux « escales » extérieures, sa générosité est en raison directe du produit de sa récolte ou de sa cueillette.

Et cela roule sur des sommes considérables, des millions qui chaque année viennent de France, par tonnelets, lesquels après chaque traite s'en retournent, en grande part, en France en leur état premier, mais accompagnés des gommes, arachides, caoutchoucs, ivoire, peaux et plumes d'oiseaux et autres produits que leur contenu vient d'acheter !

Et toujours et encore, le même cycle s'accomplit ! C'est l'eau du ciel qui, après avoir fécondé la terre, y retourne en vapeurs, pour retomber, remonter et retomber toujours, et toujours faire germer de nouvelles moissons.

C'est une terre d'élection, que celle qui se prête à ce régime depuis des siècles et n'en paraît pas autrement appauvrie !

Mais les chiffres sont les plus éloquents des témoins; nous donnons donc ci à la suite :

1º Tableau, par pays d'origine, des principales importations au Sénégal pendant la période de 1889 à 1899, soit 11 ans;

2º Tableau, par pays de destination, des principales exportations du Sénégal durant la même période;

3º Tableau des gommes exportées du Sénégal pendant la même période au XVIIIᵉ et au XIXᵉ siècle;

4º Tableau comparatif du mouvement commercial, entrée et sortie, entre le Sénégal et la France et entre le Sénégal et l'étranger, même période 1889 à 1899.

*Le chef du service des douanes,*

E. MAINE.

# TABLEAUX

## DES PRINCIPALES MARCHANDISÈS

### IMPORTÉES AU SÉNÉGAL DE 1889 A 1900

| DÉSIGNATION DES MARCHANDISES | ANNÉES | FRANCE & COLONIES | | ANGLETERRE et Colonies | | ALLEMAGNE | | ÉTATS-UNIS | |
|---|---|---|---|---|---|---|---|---|---|
| | | POIDS | VALEURS | POIDS | VALEURS | POIDS | VALEURS | POIDS | VALEURS |
| Noix de kola | 1889 | kilog. » | » | 108.797 | 543.981 | — | — | — | — |
| | 1890 | 1.093 | 5.268 | 148.767 | 694.251 | — | — | — | — |
| | 1891 | 2.351 | 8.084 | 167.814 | 588.258 | — | — | — | — |
| | 1892 | 2.845 | 14.685 | 332.515 | 1.983.544 | — | — | — | — |
| | 1893 | 1.574 | 4.722 | 174.787 | 524.062 | — | — | — | — |
| | 1894 | 31.850 | 94.531 | 242.759 | 674.201 | — | — | — | — |
| | 1895 | 6.887 | 19.549 | 224.582 | 886.910 | — | — | — | — |
| | 1896 | 2.732 | 13.655 | 284.569 | 1.374.349 | — | — | — | — |
| | 1897 | 13.358 | 66.791 | 290.732 | 1.513.666 | — | — | — | — |
| | 1898 | 1.236 | 6.180 | 234.489 | 1.517.445 | — | — | — | — |
| | 1899 | 9.479 | 75.834 | 166.616 | 1.332.928 | — | — | — | — |
| Sucres réunis | 1889 | kilog. 781.635 | 465.038 | — | — | — | — | — | — |
| | 1890 | 540.487 | 334.654 | — | — | — | — | — | — |
| | 1891 | 967.732 | 594.625 | — | — | — | — | — | — |
| | 1892 | 1.383.434 | 831.438 | — | — | — | — | — | — |
| | 1893 | 1.023.577 | 632.648 | — | — | — | — | — | — |
| | 1894 | 1.476.947 | 853.482 | — | — | — | — | — | — |
| | 1895 | 1.676.575 | 845.445 | — | — | — | — | — | — |
| | 1896 | 879.389 | 778.376 | — | — | — | — | — | — |
| | 1897 | 2.094.330 | 944.080 | — | — | — | — | — | — |
| | 1898 | 1.840.858 | 807.444 | — | — | — | — | — | — |
| | 1899 | 2.664.737 | 1.172.851 | — | — | — | — | — | — |
| Tabac en feuilles et en côtes | 1889 | kilog. » | » | — | — | — | — | — | — |
| | 1890 | » | » | — | — | — | — | — | — |
| | 1891 | » | » | — | — | — | — | — | — |
| | 1892 | » | » | — | — | — | — | — | — |
| | 1893 | » | » | — | — | — | — | — | — |
| | 1894 | 1.554 | 2.098 | 277.458 | 420.249 | — | — | 963.487 | 1.434.287 |
| | 1895 | » | » | 38.150 | 64.805 | — | — | 906.127 | 1.540.425 |
| | 1896 | » | » | 3.395 | 6.281 | — | — | 678.098 | 1.194.378 |
| | 1897 | » | » | » | » | — | — | 703.915 | 1.299.869 |
| | 1898 | 4 | 7 | 237.166 | 438.757 | — | — | 669.851 | 1.239.224 |
| | 1899 | » | » | 128.212 | 237.192 | 3.779 | 6.991 | 803.526 | 1.486.518 |

| ITALIE | | AUTRES PAYS | | TOTAL de l'Étranger | | TOTAL GÉNÉRAL | |
|---|---|---|---|---|---|---|---|
| POIDS | VALEURS | POIDS | VALEURS | POIDS | VALEURS | POIDS | VALEURS |
| — | — | — | — | 108.797 | 543.984 | 108.797 | 543.984 |
| — | — | — | — | 148.767 | 694.254 | 149.860 | 699.522 |
| — | — | — | — | 167.814 | 588.258 | 170.165 | 596.342 |
| — | — | — | — | 332.515 | 1.983.544 | 335.360 | 1.998.229 |
| —. | — . | — | — | 174.787 | 524.062 | 176.361 | 528.784 |
| — | — | — | — | 242.759 | 674.201 | 274.609 | 768.732 |
| — | — | — | — | 224.582 | 886.910 | 231.469 | 906.459 |
| — | — . | — | — | 281.569 | 1.374.349 | 284.301 | 1.388.004 |
| — | — | — | — | 290.732 | 1.513.666 | 304.090 | 1.580.457 |
| — | — | — | — | 231.489 | 1.517.445 | 232.775 | 1.163.625 |
| — | — | 1.179 | 9.432 | 167.795 | 1.342.360 | 177.274 | 1.418.194 |
| | | | | | | | |
| — | — | 800 | 400 | 800 | 400 | 782.435 | 465 438 |
| — | — | 147.156 | 89.655 | 147.156 | 89.655 | 687.343 | 421.309 |
| — | —. | 67.392 | 34.850 | 67.392 | 34.850 | 1.035.126 | 629.475 |
| — | — | 14.296 | 7.243 | 14.296 | 7.243 | 1.397.430 | 838.684 |
| — | — | 6.603 | 4 303 | 6.603 | 4.303 | 1 030.180 | 637.001 |
| — | — | 7.557 | 5.028 | 7.557 | 5.028 | 1.484.504 | 858.540 |
| — | — | 24.304 | 14.387 | 24.304 | 14.387 | 1.700.879 | 859.332 |
| — | — | 13.487 | 6.067 | 13.487 | 6.067 | 892.876 | 784 443 |
| — | — | 23.672 | 9.773 | 23.672 | 9.773 | 2.115.002 | 920.853 |
| — | — | 7.945 | 3.420 | 7.945 | 3.420 | 1 848.803 | 810.684 |
| — | — | 7.424 | 3.266 | 7.424 | 3.266 | 2.672.158 | 1.176.147 |
| | | | | | | | |
| — | — | 205.739 | 401.597 | 205.739 | 401.597 | 205.739 | 401.597 |
| — | — | 688.351 | 1.065.243 | 688.351 | 1.065.243 | 688.351 | 1.065.243 |
| — | — | 661.054 | 957.070 | 661.054 | 957.070 | 661.054 | 957.070 |
| — | — | 1.165.762 | 1.865.223 | 1.165.762 | 1.865.223 | 1 165.762 | 1.865.223 |
| — | — | 366.345 | 601.188 | 366.345 | 601.188 | 366.345 | 601.188 |
| — | — | » | » | 1.240.945 | 1.854.536 | 1.242.499 | 1.856.634 |
| — | — | 1.783 | 3 031 | 946.060 | 1.608.261 | 946.060 | 1.608.261 |
| — | — | » | » | 681.493 | 1.200.659 | 681.493 | 1.200.659 |
| — | — | » | » | 703.915 | 1.299.869 | 703.915 | 1 299.869 |
| — | — | » | » | 1.404.937 | 2.044.215 | 1.404.941 | 2.044.222 |
| — | — | 95.934 | 177.473 | 1.031.448 | 1.908.174 | 1.031.448 | 1.908.174 |

| DÉSIGNATION des marchandises | ANNÉES | FRANCE & COLONIES | | ANGLETERRE et Colonies | | ALLEMAGNE | | HOLLANDE | |
|---|---|---|---|---|---|---|---|---|---|
| | | POIDS | VALEURS | POIDS | VALEURS | POIDS | VALEURS | POIDS | VALEURS |
| Boissons distillées | | litres | | | | | | | |
| | 1889 | » | 68.276 | » | » | » | » | — | — |
| | 1890 | » | 159.474 | » | » | » | » | — | — |
| | 1891 | » | 148.257 | » | » | » | » | — | — |
| | 1892 | » | 255.913 | » | » | » | » | — | — |
| | 1893 | » | 142.770 | » | » | » | » | — | — |
| | 1894 | 265.830 | 180.388 | 7.020 | 4.685 | 286.700 | 245.437 | — | — |
| | 1895 | 52.496 | 66.379 | 5.201 | 3.143 | 15.919 | 8.515 | — | — |
| | 1896 | 231.207 | 159.900 | 10.669 | 4.878 | 607.667 | 285.791 | — | — |
| | 1897 | 222.558 | 240.075 | 4.825 | 3.255 | 811.622 | 291.454 | 22.277 | 11.165 |
| | 1898 | 526.924 | 340.480 | 2.953 | 4.505 | 246.243 | 118.866 | — | — |
| | 1899 | 439.905 | 521.020 | 2.179 | 1.105 | 1.423.552 | 559.824 | — | — |
| Fers de toutes sortes | | kilog. | | | | | | | |
| | 1889 | 47.371 | 15.263 | » | » | » | » | — | — |
| | 1890 | 92.737 | 29.744 | » | » | » | » | — | — |
| | 1891 | 46.969 | 14.651 | » | » | » | » | — | — |
| | 1892 | 100.655 | 32.209 | » | » | » | » | — | — |
| | 1893 | 64.794 | 20.624 | » | » | » | » | — | — |
| | 1894 | 168.437 | 53.199 | » | » | » | » | — | — |
| | 1895 | 114.047 | 36.619 | 9.484 | 2.371 | » | » | — | — |
| | 1896 | 113.916 | 35.723 | 45.304 | 11.338 | » | » | — | — |
| | 1897 | 117.212 | 48.384 | 54.598 | 43.649 | » | » | — | — |
| | 1898 | 115.643 | 37.321 | 39.039 | 15.830 | 25.480 | 6.370 | — | — |
| | 1899 | 115.511 | 83.410 | 28.502 | 8.567 | 28.479 | 7.120 | — | — |
| Sels marins de toutes sortes | | kilog | | | | | | | |
| | 1889 | » | 1.409 | » | » | » | » | — | — |
| | 1890 | » | 2.670 | » | » | » | » | — | — |
| | 1891 | » | 6.646 | » | » | » | » | — | — |
| | 1892 | » | 1.872 | » | » | » | » | — | — |
| | 1893 | » | 5.379 | » | » | » | » | — | — |
| | 1894 | 439.356 | 13.324 | 47.610 | 1.349 | » | » | — | — |
| | 1895 | 290.535 | 8.371 | 53.054 | 2.681 | 2.880 | 948 | — | — |
| | 1896 | 1.378.660 | 34.793 | 32.564 | 2.087 | 9.075 | 273 | — | — |
| | 1897 | 602.727 | 17.887 | 255.223 | 12.652 | » | » | — | — |
| | 1898 | 693.892 | 20.938 | 49.165 | 1.997 | 27.500 | 1.238 | — | — |
| | 1899 | 1.209.221 | 47.291 | 318 | 170 | 24.370 | 625 | — | — |

| ITALIE | | AUTRES PAYS | | TOTAL de l'Étranger | | TOTAL GÉNÉRAL | |
|---|---|---|---|---|---|---|---|
| POIDS | VALEURS | POIDS | VALEURS | POIDS | VALEURS | POIDS | VALEURS |
| — | — | — | 307.969 | — | 307.969 | — | 376.215 |
| — | — | — | 548.388 | — | 548.388 | — | 707.862 |
| — | — | — | 236.879 | — | 236.879 | — | 385.136 |
| — | — | — | 589.912 | — | 589.912 | — | 845.285 |
| — | — | — | 182.617 | — | 182.617 | — | 324.587 |
| — | — | — | » | 293.720 | 259.822 | 559.550 | 430.210 |
| — | — | 128 | 102 | 21.420 | 11.628 | 73.616 | 78.007 |
| — | — | 26.776 | 26.889 | 645.712 | 312.958 | 876.919 | 472.858 |
| 17.484 | 8.200 | 393 | 778 | 862.896 | 319.372 | 1.085.454 | 529.447 |
| » | » | 42.539 | 24.948 | 292.428 | 142.513 | 819.049 | 482.993 |
| » | » | 84.290 | 31.495 | 1.210.021 | 592.424 | 1.649.926 | 1.413.444 |

### SUÉDE & NORWÈGE

| ITALIE | | AUTRES PAYS | | TOTAL de l'Étranger | | TOTAL GÉNÉRAL | |
|---|---|---|---|---|---|---|---|
| POIDS | VALEURS | POIDS | VALEURS | POIDS | VALEURS | POIDS | VALEURS |
| — | — | 26.941 | 8.621 | 26.941 | 8.621 | 74.312 | 23.884 |
| — | — | 165.021 | 56.618 | 165.021 | 56.618 | 257.758 | 83.332 |
| — | — | 96.462 | 29.648 | 96.462 | 29.648 | 443.334 | 44.299 |
| — | — | 196.624 | 65.617 | 196.624 | 65.617 | 297.279 | 97.826 |
| — | — | 37.141 | 12.305 | 37.141 | 12.305 | 101.932 | 32.929 |
| — | —. | 115.685 | 35.635 | 115.685 | 35.635 | 283.822 | 88.834 |
| — | — | 179.865 | 44.964 | 189.349 | 47.335 | 303.396 | 83.954 |
| 182.719 | 45.678 | » | » | 228.023 | 57.016 | 311.939 | 92.739 |
| 159.379 | 39.845 | » | » | 213.977 | 53.494 | 311.189 | 71.878 |
| 102.874 | 25.703 | 66.337 | 17.162 | 233.670 | 65.065 | 369.313 | 102.346 |
| 7.555 | 4.914 | 105.983 | 26.496 | 170.619 | 44.097 | 586.160 | 127.507 |

### PORTUGAL

| ITALIE | | AUTRES PAYS | | TOTAL de l'Étranger | | TOTAL GÉNÉRAL | |
|---|---|---|---|---|---|---|---|
| POIDS | VALEURS | POIDS | VALEURS | POIDS | VALEURS | POIDS | VALEURS |
| — | — | — | 56 | — | 56 | — | 1.465 |
| — | — | — | 13.412 | — | 13.412 | — | 16.082 |
| — | — | — | 3.328 | — | 3.328 | — | 9.974 |
| — | — | — | 115 | — | 115 | — | 1.987 |
| — | — | — | 2.774 | — | 2.774 | — | 8.453 |
| — | — | 307.779 | 7.876 | 355.389 | 9.225 | 794.745 | 22.549 |
| — | — | 391.898 | 10.676 | 447.829 | 14.305 | 738.364 | 22.676 |
| — | — | 89.685 | 2.633 | 131.324 | 4.993 | 1.509.984 | 39.786 |
| — | — | 439.589 | 11.421 | 693.842 | 23.673 | 1.296.539 | 41.560 |
| 205.728 | 8.312 | 46.334 | 4.547 | 328.727 | 13.064 | 822.619 | 34.002 |
| 278.826 | 11.153 | 2.316 | 1.235 | 303.830 | 13.183 | 1.515.051 | 60.474 |

| DÉSIGNATION DES MARCHANDISES | ANNÉES | FRANCE & COLONIES | | ANGLETERRE et Colonies | | ALLEMAGNE | | BELGIQUE | |
|---|---|---|---|---|---|---|---|---|---|
| | | POIDS | VALEURS | POIDS | VALEURS | POIDS | VALEURS | POIDS | VALEURS |
| Verroterie (grains) | | kilog. | | | | | | | |
| | 1889 | » | 59.973 | — | — | — | — | — | — |
| | 1890 | » | 39.862 | — | — | — | — | — | — |
| | 1891 | » | 34.492 | — | — | — | — | — | — |
| | 1892 | » | 56.283 | — | — | — | — | — | — |
| | 1893 | » | 41.436 | — | — | — | — | — | — |
| | 1894 | 76.843 | 37.759 | 486 | 244 | 256 | 35.285 | — | — |
| | 1895 | 26.454 | 38.722 | 44.604 | 17.035 | 44.786 | 20.072 | — | — |
| | 1896 | 47.275 | 60.537 | 4.542 | 2.198 | 50.207 | 75.487 | — | — |
| | 1897 | 18.096 | 40.418 | 670 | 4.885 | 42.315 | 48.579 | — | — |
| | 1898 | 25.676 | 55.426 | 566 | 5.875 | 23.127 | 69.400 | — | — |
| | 1899 | 76.361 | 108.289 | 4.219 | 9.309 | 42.082 | 62.269 | — | — |
| Fils de lin et de coton | | kilog. | | | | | | | |
| | 1889 | 55.232 | 195.503 | — | — | — | — | — | — |
| | 1890 | 39.125 | 143.820 | — | — | — | — | — | — |
| | 1891 | 30.944 | 120.074 | — | — | — | — | — | — |
| | 1892 | 80.617 | 259.121 | — | — | — | — | — | — |
| | 1893 | 95.738 | 285.618 | — | — | — | — | — | — |
| | 1894 | 115.263 | 392.849 | 42.294 | 132.338 | — | — | — | — |
| | 1895 | 35.034 | 101.839 | 30.256 | 87.358 | — | — | — | — |
| | 1896 | 30.312 | 97.285 | 22.628 | 67.883 | — | — | — | — |
| | 1897 | 34.756 | 130.895 | 6.926 | 25.737 | 1.250 | 5.000 | 31.726 | 65.888 |
| | 1898 | 50.346 | 451.175 | 34.010 | 86.935 | 1.208 | 5.990 | 28.202 | 75.920 |
| | 1899 | 73.445 | 202.989 | 40.330 | 110.964 | » | » | 252 | 4.258 |
| Guinées | | pièces. | | | | | | | |
| | 1889 | 194.911 | 1.311.727 | 1.100 | 7.150 | — | — | 213.707 | 1.709.656 |
| | 1890 | » | 420.296 | » | 696 | — | — | » | 152.640 |
| | 1891 | » | 2.102.293 | » | » | — | — | » | » |
| | 1892 | » | 1.984.390 | » | » | — | — | » | » |
| | 1893 | » | 700.675 | » | » | — | — | » | » |
| | 1894 | 471.306 | 2.770.056 | 51.086 | 324.640 | — | — | » | » |
| | 1895 | 472.060 | 3.304.381 | 10.769 | 66.187 | — | — | 100.023 | 1.520.181 |
| | 1896 | 711.307 | 3.238.185 | 45.390 | 195.063 | — | — | 303.327 | 1.542.300 |
| | 1897 | 510.914 | 3.210.532 | 33.592 | 210.409 | 2.860 | 20.860 | 86.002 | 575.915 |
| | 1898 | 489.602 | 2.996.573 | 7.443 | 55.822 | » | » | 84.789 | 635.917 |
| | 1899 | 777.612 | 4.302.667 | 11.664 | 87.480 | » | » | 1.100 | 7.700 |

| HOLLANDE | | AUTRES PAYS | | TOTAL de l'Étranger | | TOTAL GÉNÉRAL | |
|---|---|---|---|---|---|---|---|
| POIDS | VALEURS | POIDS | VALEURS | POIDS | VALEURS | POIDS | VALEURS |
| — | — | — | — | — | — | — | 59.973 |
| — | — · | — | 47.727 | — | 47.727 | — | 87.289 |
| — | - - | — | 54.179 | — | 54.179 | — | 88.671 |
| — | — | — | 52.142 | — | 52.142 | — | 108.325 |
| — | — | - | 58.446 | — | 58.446 | — | 99.582 |
| — | — | 168 | 436 | 93.610 | 35.865 | 170.453 | 73.624 |
| — | — | » | » | 25.390 | 37.107 | 54.544 | 75.829 |
| — | — | 2.340 | 4.352 | 54.089 | 82.037 | 101.364 | 142.574 |
| 18.408 | 9.606 | 40.958 | 47.792 | 42.351 | 47.862 | 60.447 | 88.280 |
| » | » | 30.478 | 54.512 | 53.871 | 126.787 | 79.547 | 181.913 |
| » | » | 81.808 | 125.496 | 131.109 | 197.074 | 207.470 | 305.363 |
|  |  |  |  |  |  |  |  |
| -- | — | 99 | 297 | 99 | 297 | 55.234 | 195.800 |
| — | — | 68.366 | 285.804 | 68.366 | 285.804 | 107.491 | 429.624 |
| — | — | 43.755 | 170.876 | 43.755 | 170.876 | 74.246 | 290.947 |
| — | — | 81.029 | 274.972 | 81.029 | 274.972 | 461.646 | 534.093 |
| — | — | 34.481 | 119.699 | 34.481 | 119.699 | 130.219 | 403.317 |
| — | — | 110 | 405 | 42.404 | 132.763 | 157.667 | 525.592 |
| —. | — | 9.589 | 22.572 | 39.845 | 109.820 | 74.879 | 211.659 |
| 772 | 1.972 | 4.270 | 11.352 | 69.396 | 147.095 | 99.708 | 244.380 |
| » | » | 4.438 | 48.110 | 40.816 | 124.767 | 75.572 | 255.662 |
| » | » | 67.018 | 211.723 | 102.236 | 304.647 | 152.582 | 455.822 |
| » | » | 49.539 | 134.375 | 90.121 | 246.597 | 163.266 | 449.586 |
|  |  |  |  |  |  |  |  |
| — | — | — | — | 214.807 | 1.716.806 | 409.718 | 3.028.533 |
| - | — | — | 423.430 | » | 576.766 | » | 697.062 |
| — | — | — | 1.993.230 | » | 1.993.230 | » | 4.095.523 |
| — | — | — | 1.693.097 | » | 1.693.097 | » | 3.677.487 |
| — | — | — | 258.953 | » | 258.953 | » | 959.628 |
| — | — | 141.519 | 849.780 | 492.605 | 4.174.420 | 663.911 | 3.944.476 |
| — | — | 20.500 | 164.000 | 221.292 | 1.750.371 | 693.332 | 5.054.752 |
| 325 | 4.450 | 28.798 | 136.427 | 379.730 | 1.885.240 | 1.091.057 | 5.423.425 |
| 97.431 | 744.837 | 4.765 | 40.214 | 221.650 | 1.562.255 | 732.564 | 4.772.807 |
| 98.528 | 738.960 | 61.080 | 453.100 | 251.840 | 1.888.799 | 741.742 | 4.885.372 |
| 8.502 | 59.544 | 234.068 | 1.644.044 | 255.334 | 1.798.738 | 1.032.946 | 6.101.405 |

| DÉSIGNATION DES MARCHANDISES | ANNÉES | FRANCE & COLONIES | | ANGLETERRE et Colonies | | ALLEMAGNE | | ÉTATS-UNIS | |
|---|---|---|---|---|---|---|---|---|---|
| | | POIDS | VALEURS | POIDS | VALEURS | POIDS | VALEURS | POIDS | VALEURS |
| Autres tissus de coton | 1889 | kilog. » | 1.526 988 | — | — | — | — | — | — |
| | 1890 | » | 456.036 | — | — | — | — | — | — |
| | 1891 | » | 698.168 | — | — | — | — | — | — |
| | 1892 | » | 1.186.866 | — | — | — | — | — | — |
| | 1893 | » | 351.305 | — | — | — | — | — | — |
| | 1894 | 242.290 | 709.009 | 760.620 | 3.285.734 | 80 | 343 | — | — |
| | 1895 | 131.003 | 508.869 | 545.107 | 2.919.945 | 6.087 | 8.597 | 400 | 777 |
| | 1896 | 428.670 | 640.072 | 643.969 | 2.596.168 | 2.408 | 5.765 | » | » |
| | 1897 | 617.640 | 1.133.091 | 1.679.709 | 5.951.668 | 9.524 | 42.549 | » | » |
| | 1898 | 465.527 | 504.009 | 2.886.484 | 3.022.225 | 16.184 | 33.766 | 320 | 4.606 |
| | 1899 | 379.238 | 835.107 | 1.538.576 | 5.165.391 | 13.755 | 55.883 | » | » |
| Ouvrages en fonte et fer | 1889 | kilog 52.185 | 18.265 | — | — | — | — | — | — |
| | 1890 | » | 260.723 | — | — | — | — | — | — |
| | 1891 | » | 78.606 | — | — | — | — | — | — |
| | 1892 | » | 203.407 | — | — | — | — | — | — |
| | 1893 | » | 228.750 | — | — | — | — | — | — |
| | 1894 | 525.550 | 372.371 | 40.206 | 18.198 | — | — | 6.145 | 7.526 |
| | 1895 | 1.250.919 | 1.014.952 | 21.601 | 17.489 | 31.487 | 11.105 | 360 | 78 |
| | 1896 | 286.435 | 550.949 | 37.264 | 51.550 | 1.331 | 2.603 | » | » |
| | 1897 | 605.846 | 391.653 | 50.173 | 32.925 | 4.450 | 4.980 | 325 | 727 |
| | 1898 | 925.896 | 739.149 | 39.505 | 33.714 | 20.804 | 48.418 | 400 | 444 |
| | 1899 | 1.484.576 | 5.030.256 | 193.817 | 89.509 | 24.207 | 31.600 | 132 | 197 |
| Armes de toutes sortes | 1889 | kilog. » | 107.444 | — | — | — | — | — | — |
| | 1890 | » | 53.431 | — | — | — | — | — | — |
| | 1891 | » | 15.695 | — | — | — | — | — | — |
| | 1892 | » | 70.256 | — | — | — | — | — | — |
| | 1893 | » | 8.013 | — | — | — | — | — | — |
| | 1894 | 3.360 | 9.543 | 2.506 | 3.940 | 926 | 2.011 | — | — |
| | 1895 | 10.739 | 45.503 | 4.944 | 4.525 | 202 | 300 | — | — |
| | 1896 | 3.863 | 53.669 | 251 | 2.531 | 445 | 4.200 | — | — |
| | 1897 | 6.876 | 21.843 | 6.575 | 26.753 | » | » | 5 | 450 |
| | 1898 | 443.003 | 261.186 | 4.457 | 16.099 | 40.101 | 21.874 | 556 | 4.225 |
| | 1899 | » | 104.686 | » | 32.040 | » | 3.892 | » | » |

| BELGIQUE | | AUTRES PAYS | | TOTAL de l'Étranger | | TOTAL GÉNÉRAL | |
|---|---|---|---|---|---|---|---|
| POIDS | VALEURS | POIDS | VALEURS | POIDS | VALEURS | POIDS | VALEURS |
| — | — | — | 83.135 | — | 83.135 | — | 4.610.123 |
| — | — | — | 2.249.227 | — | 2.249.227 | — | 2.705.263 |
| — | — | — | 2.211.606 | — | 2.211.606 | — | 2.905.074 |
| — | — | — | 2.680.878 | — | 2.680.878 | — | 3.867.744 |
| — | — | — | 1.885.452 | — | 1.885.452 | — | 2.245.035 |
| — | — | — | » | 760.700 | 3.206.077 | 1.062.990 | 3.945.086 |
| — | — | 1.030 | 4.350 | 552.624 | 2.930.669 | 683.627 | 3.439.538 |
| — | — | 113.428 | 1.202.988 | 759.205 | 3.804.921 | 887.875 | 4.444.993 |
| 600 | 4.896 | 4.409 | 3.544 | 1.690.942 | 6.000.657 | 2.308.582 | 7.133.748 |
| 43.933 | 10.797 | 1.037.919 | 844.400 | 3.984.840 | 3.909.794 | 4.450.367 | 4.413.803 |
| 40 | 151 | 306.534 | 601.382 | 1.858.905 | 5.722.807 | 2.238.143 | 6.557.914 |
| | | | | | | | |
| — | — | — | » | — | » | 52.185 | 48.265 |
| — | — | — | 63.301 | — | 63 301 | » | 324.024 |
| — | — | — | 40.421 | — | 40.421 | » | 119.027 |
| — | — | — | 25.430 | — | 25.430 | » | 228.537 |
| — | — | — | 10.651 | — | 10.651 | » | 239.401 |
| — | — | 4.210 | 545 | 47.534 | 25.969 | 573.081 | 398.340 |
| — | — | 6.102 | 3.302 | 59.550 | 34.874 | 1.310.499 | 1.046.826 |
| — | — | 30.034 | 48.428 | 68.629 | 102.281 | 355.064 | 653.230 |
| 875 | 924 | 4.602 | 4.361 | 57.425 | 40.917 | 663.271 | 432.570 |
| » | » | 43.367 | 9.563 | 73.976 | 61.840 | 999.872 | 801 259 |
| » | » | 46.697 | 13.593 | 234.853 | 134.899 | 4.719 429 | 5.165.155 |
| | | | | | | | |
| — | — | — | 2.925 | — | 2.925 | — | 110.036 |
| — | — | — | 97.912 | — | 97 912 | — | 151.043 |
| — | — | — | 82.950 | — | 82.950 | — | 98.645 |
| — | — | — | 67.078 | — | 67.078 | — | 137.334 |
| — | — | — | 15.673 | — | 15.673 | — | 23.686 |
| — | — | 1.355 | 3.764 | 4.787 | 9.715 | 8.147 | 19.258 |
| — | — | 2.351 | 7.762 | 4.497 | 11.587 | 15.236 | 27.098 |
| — | — | 4.746 | 17.666 | 2.142 | 21.387 | 6 005 | 75.056 |
| 16.201 | 36.324 | 960 | 4.549 | 23.741 | 67 776 | 30.617 | 89.619 |
| » | » | 32.005 | 84.845 | 46.819 | 123.410 | 189.822 | 387.626 |
| » | 3.479 | » | 34.082 | » | 73.493 | » | 178.179 |

| DÉSIGNATION DES MARCHANDISES | ANNÉES | FRANCE & COLONIES | | ANGLETERRE et Colonies | | ALLEMAGNE | | ÉTATS-UNIS | |
|---|---|---|---|---|---|---|---|---|---|
| | | POIDS | VALEURS | POIDS | VALEURS | POIDS | VALEURS | POIDS | VALEURS |
| Poudre à tirer | | kilog. | | | | | | | |
| | 1889 | 638 | 3.190 | — | — | — | — | — | — |
| | 1890 | 4.690 | 8.777 | — | — | — | — | — | — |
| | 1891 | 8.219 | 13.232 | — | — | — | — | — | — |
| | 1892 | 11.936 | 23.562 | — | — | — | — | — | — |
| | 1893 | 4.855 | 8.332 | — | — | — | — | — | — |
| | 1894 | 16.520 | 28.305 | 1.096 | 2.212 | 25.424 | 38.435 | — | — |
| | 1895 | 44.444 | 94.644 | 77.989 | 107.416 | 14.549 | 21.824 | — | — |
| | 1896 | 72.857 | 113.743 | 10.649 | 45.928 | 45.095 | 78.863 | — | — |
| | 1897 | 130.303 | 200.409 | 5.475 | 8.295 | 59.892 | 89.838 | — | — |
| | 1898 | 89.723 | 142.657 | 10.324 | 45.482 | 51.589 | 77.383 | — | — |
| | 1899 | 212.988 | 359.449 | 965 | 1.410 | 37.404 | 51.106 | — | — |
| Corail taillé monté ou non | | kilog. | | | | | | | |
| | 1889 | » | 8.746 | — | — | — | — | — | — |
| | 1890 | » | 4.409 | — | — | — | — | — | — |
| | 1891 | » | 6.753 | — | — | — | — | — | — |
| | 1892 | » | 105.043 | — | — | — | — | — | — |
| | 1893 | » | 45.475 | — | — | — | — | — | — |
| | 1894 | 25 | 5.000 | — | — | — | — | — | — |
| | 1895 | 250 | 836 | 4 | 400 | — | — | — | — |
| | 1896 | 125 | 2.890 | » | » | | 365 | — | — |
| | 1897 | » | » | » | » | » 43 | | — | — |
| | 1898 | 147 | 10.296 | 90 | 1.759 | 25 | 571 | — | — |
| | 1899 | » | » | » | » | » | » | — | — |
| Ambre ouvré | | kilog. | | | | | | | |
| | 1889 | » | 11.329 | — | — | — | — | — | — |
| | 1890 | » | 956 | — | — | — | — | — | — |
| | 1891 | » | 250 | — | — | — | — | — | — |
| | 1892 | » | » | — | — | — | — | — | — |
| | 1893 | » | 1.314 | — | — | — | — | — | — |
| | 1894 | 370 | 1.738 | — | — | — | — | — | — |
| | 1895 | » | » | — | — | — | — | — | — |
| | 1896 | 4.095 | 8.658 | 54 | 222 | — | — | — | — |
| | 1897 | 4.5 | 567 | » | » | 258 | 1.331 | — | — |
| | 1898 | 226 | 5.100 | 14 | 1.081 | 3 | 385 | — | — |
| | 1899 | 589 | 1.183 | » | » | » | » | — | — |

| BELGIQUE | | AUTRES PAYS | | TOTAL de l'Étranger | | TOTAL GÉNÉRAL | |
|---|---|---|---|---|---|---|---|
| POIDS | VALEURS | POIDS | VALEURS | POIDS | VALEURS | POIDS | VALEURS |
| — | — | 44.314 | 66.471 | 44.314 | 66.471 | 44.952 | 69.661 |
| — | — | 77.330 | 106.640 | 77.330 | 106.640 | 82 020 | 115.417 |
| — | — | 29.663 | 45 762 | 29.663 | 45.762 | 36.882 | 58.994 |
| — | — | 42.754 | 65 011 | 42.754 | 65.011 | 54.687 | 88.573 |
| — | — | 44.308 | 21.991 | 44.308 | 21.991 | 49.163 | 30.323 |
| — | — | » | » | 26.520 | 40.347 | 43.040 | 68 652 |
| — | — | » | » | 92.538 | 129.240 | 136.949 | 223.854 |
| — | — | » | » | 55.714 | 94.791 | 128 571 | 208.504 |
| — | — | 40 | 40 | 65.367 | 98.173 | 193.680 | 298.382 |
| — | — | 1.001 | 1.879 | 62.911 | 94.744 | 152.631 | 237.401 |
| — | — | » | » | 38.369 | 57.516 | 251.357 | 416.965 |
|  |  |  |  |  |  |  |  |
| — | — | — | » | — | » | — | 8.746 |
| — | — | — | 37.824 | — | 37.824 | — | 42.233 |
| — | — | — | 122.924 | — | 122.924 | — | 129.677 |
| — | — | — | 88.037 | — | 88.037 | — | 193.080 |
| — | — | — | 1.680 | — | 1.680 | — | 16.855 |
| — | — | — | » | — | » | 25 | 5.000 |
| — | — | 18 | 1.588 | 22 | 1.988 | 272 | 2.824 |
| — | — | » | » | 13 | 365 | 138 | 3.255 |
| — | — | » | » | » | » | » | » |
| — | — | 295 | 7.544 | 410 | 9.871 | 557 | 20.167 |
| — | — | 125 | 5.034 | 125 | 5.034 | 125 | 5.034 |
|  |  |  |  |  |  |  |  |
| — | — | — | 19.615 | — | 19.615 | — | 30.944 |
| — | — | — | 14.475 | — | 14.475 | — | 15.431 |
| — | — | — | 2.591 | — | 2.591 | — | 2.841 |
| — | — | — | 14.932 | — | 14.932 | — | 14.932 |
| — | — | — | 897 | — | 897 | — | 2.208 |
| — | — | — | » | — | » | 370 | 1.738 |
| — | — | 202 | 781 | 256 | 1.003 | » | » |
| — | — | » | » | 258 | 1 331 | 1.351 | 9.661 |
| — | — | 100 | 6 082 | 116 | 7.548 | 383 | 1.898 |
| — | — | 13 | 11.182 | 13 | 11.182 | 342 | 12.618 |
| — | — |  |  |  |  | 602 | 12 365 |

Sénégal-Soudan.                                            3

| DESIGNATION des produits | ANNÉES | FRANCE | | ANGLETERRE | | ALLEMAGNE | | BELGIQUE | |
|---|---|---|---|---|---|---|---|---|---|
| | | POIDS | VALEURS | POIDS | VALEURS | POIDS | VALEURS | POIDS | VALEURS |
| Amandes de palme | | kilog. | | | | | | | |
| | 1889 | 1.218 050 | 146.166 | — | — | — | — | — | — |
| | 1890 | 1.327.132 | 199.070 | — | — | — | — | — | — |
| | 1891 | 1.020.800 | 222.402 | — | — | — | — | — | — |
| | 1892 | 781.094 | 195.272 | 463.445 | 115.861 | — | — | — | — |
| | 1893 | 745.139 | 184.545 | — | — | — | — | — | — |
| | 1894 | 1.221.415 | 221.322 | 8.620 | 1.293 | — | — | — | — |
| | 1895 | 438.939 | 74.619 | 49 377 | 8.394 | — | — | — | — |
| | 1896 | 344.258 | 58.524 | 28.836 | 4.052 | — | — | — | — |
| | 1897 | 332.496 | 56 534 | 45.381 | 7 715 | — | — | — | — |
| | 1898 | 230.232 | 34.535 | 22.500 | 3.375 | — | — | — | — |
| | 1899 | 411.826 | 62.774 | — | — | — | — | — | — |
| Gommes | 1889 | 2.730.323 | 4.689.384 | — | — | — | — | — | — |
| | 1890 | 2.904.765 | 3.310.631 | — | — | — | — | — | — |
| | 1891 | 3.652.044 | 4.253.745 | — | — | — | — | — | — |
| | 1892 | 3.773.066 | 3 841.070 | — | — | — | — | — | — |
| | 1893 | 3.541.312 | 2.596.775 | — | — | — | — | — | — |
| | 1894 | 3.651 093 | 2.157.509 | — | — | — | — | — | — |
| | 1895 | 3.979.292 | 2.328.816 | — | — | — | — | — | — |
| | 1896 | 3.639.918 | 2.977.984 | — | — | — | — | — | — |
| | 1897 | 4.928.403 | 4.724.495 | — | — | — | — | — | — |
| | 1898 | 5.144.150 | 4.228.506 | 161.267 | 145.140 | — | — | — | — |
| | 1899 | 4.216.227 | 3.521.875 | — | — | — | — | — | — |
| Caoutchouc | 1889 | 137.565 | 412 695 | — | — | — | — | — | — |
| | 1890 | 95.003 | 237.537 | — | — | — | — | — | — |
| | 1891 | 42.787 | 120.617 | — | — | — | — | — | — |
| | 1892 | 32 244 | 97.272 | — | — | — | — | — | — |
| | 1893 | 273.880 | 755.904 | — | — | — | — | — | — |
| | 1894 | 340.800 | 831.134 | 52.025 | 121.902 | — | — | — | — |
| | 1895 | 135 092 | 472.830 | 27.528 | 96.343 | — | — | — | — |
| | 1896 | 122.108 | 423 878 | 43.378 | 152.174 | 12.348 | 46.718 | — | — |
| | 1897 | 25.604 | 89.594 | 38.896 | 136.136 | 91.338 | 319.683 | — | — |
| | 1898 | 150.529 | 524.274 | 171.095 | 600.855 | 16.607 | 58.124 | — | — |
| | 1899 | 286.935 | 1.365 614 | 173 246 | 777 341 | — | — | — | — |

| HOLLANDE | | AUTRES PAYS | | TOTAL DE L'ÉTRANGER | | TOTAL GÉNÉRAL | |
|---|---|---|---|---|---|---|---|
| POIDS | VALEURS | POIDS | VALEURS | POIDS | VALEURS | POIDS | VALEURS |
| — | — | — | — | — | — | 1.218.050 | 146.166 |
| — | — | 2.810 | 422 | 2.810 | 422 | 1.329.942 | 199.492 |
| — | — | — | — | — | — | 1.020.800 | 222.402 |
| — | — | — | — | 463.445 | 115.861 | 1.244.586 | 311.133 |
| — | — | — | — | — | — | 745.139 | 184.545 |
| — | — | — | — | 8.620 | 1.293 | 1.230.035 | 222.615 |
| — | — | — | — | 49.377 | 8.394 | 468.316 | 83.013 |
| — | — | — | — | 28.836 | 4.052 | 373.094 | 62.576 |
| — | — | — | — | 45.381 | 7.715 | 377.877 | 64.249 |
| 368.300 | 55.245 | 3.700 | 555 | 394.500 | 59.175 | 624.732 | 93.710 |
| — | — | — | — | — | — | 411.826 | 62.774 |
| — | — | 28.636 | 82.968 | 28.636 | 82.968 | 2.758.959 | 4.772.352 |
| — | — | 4.870 | 5.646 | 4.870 | 5.646 | 2.906.637 | 3.316.277 |
| — | — | 1.246 | 875 | 1.246 | 875 | 3.653.290 | 4.254.620 |
| — | — | — | — | — | — | 3.773.066 | 3.841.070 |
| — | — | 831 | 665 | 831 | 665 | 3.542.143 | 2.597.440 |
| — | — | 65.297 | 36.033 | 65.297 | 36.033 | 3.716.390 | 2.193.542 |
| — | — | — | — | — | — | 3.979.292 | 2.328.816 |
| — | — | — | — | — | — | 3.641.679 | 2.979.742 |
| — | — | — | — | — | — | 4.928.403 | 4.721.495 |
| 114.664 | 92.381 | 586 | 218 | 276.517 | 237.739 | 5.420.667 | 4.466.245 |
| — | — | 4.131 | 3.718 | 4.131 | 3.718 | 4.220.358 | 3.525.593 |
| — | — | 38.452 | 115.356 | 38.452 | 115.356 | 176.017 | 528.031 |
| — | — | 34.558 | 86.395 | 34.558 | 86.395 | 129.561 | 323.932 |
| — | — | 18.927 | 52.239 | 18.927 | 52.239 | 61.714 | 172.856 |
| — | — | 67.114 | 201.342 | 67.114 | 201.342 | 99.538 | 293.614 |
| — | — | — | — | — | — | 273.880 | 755.904 |
| — | — | 10.199 | 30.597 | 62.224 | 162.499 | 403.024 | 983.633 |
| — | — | — | — | 27.528 | 96.343 | 168.782 | 590.734 |
| — | — | 419 | 1.466 | 56.245 | 200.858 | 178.353 | 624.236 |
| — | — | — | — | 130.234 | 455.819 | 155.831 | 545.413 |
| — | — | 2.397 | 8.599 | 190.099 | 667.578 | 340.628 | 1.191.849 |
| — | — | 17.124 | 75.489 | 190.370 | 852.830 | 477.303 | 2.218.444 |

| DÉSIGNATION DES PRODUITS | ANNÉES | FRANCE | | ANGLETERRE | | ALLEMAGNE | | BELGIQUE | |
|---|---|---|---|---|---|---|---|---|---|
| | | POIDS | VALEURS | POIDS | VALEURS | POIDS | VALEURS | POIDS | VALEURS |
| Peaux et plumes d'oiseaux | 1889 | —. (kilog.) | 63.530 | — | — | — | — | — | — |
| | 1890 | — | 66.297 | — | — | — | — | — | — |
| | 1891 | — | 113.412 | — | — | — | — | — | — |
| | 1892 | — | 47.123 | — | — | — | — | — | — |
| | 1893 | — | 31.243 | — | — | — | — | — | — |
| | 1894 | 4.779 | 46.793 | — | — | — | — | — | — |
| | 1895 | 3.588 | 47.350 | 200 | 563 | — | — | — | — |
| | 1896 | 3.286 | 63.153 | 9.708 | 116.449 | 150 | 500 | — | — |
| | 1897 | 19.767 | 202.611 | 89 | 2.333 | — | — | — | — |
| | 1898 | 186.698 | 206.472 | 957 | 971 | 25.517 | 16 400 | — | — |
| | 1899 | 36.416 | 122.643 | 329 | 4.940 | — | — | — | — |
| Dents d'éléphants | 1889 | 1.023 | 9.073 | — | — | — | — | — | — |
| | 1890 | 1.941 | 18.145 | — | — | — | — | — | — |
| | 1891 | 1.060 | 10.595 | — | — | — | — | — | — |
| | 1892 | 1.807 | 18.070 | — | — | — | — | — | — |
| | 1893 | 2.178 | 20.033 | — | — | — | — | — | — |
| | 1894 | 1.057 | 8.454 | 145 | 1.164 | — | — | — | — |
| | 1895 | 1.605 | 13.347 | — | — | — | — | — | — |
| | 1896 | 1.251 | 9.990 | — | — | — | — | — | — |
| | 1897 | 1.003 | 8.021 | 292 | 2.336 | 115 | 920 | — | — |
| | 1898 | 5.363 | 42.907 | 1.115 | 8.916 | — | — | — | — |
| | 1899 | 4 031 | 32.248 | 703 | 5.624 | — | — | — | — |
| Arachides | 1889 | 28.475.165 | 6.701.716 | — | — | — | — | — | — |
| | 1890 | 22.431.525 | 4.477.661 | — | — | — | — | — | — |
| | 1891 | 19.820.218 | 4.148.672 | — | — | — | — | — | — |
| | 1892 | 31.673.957 | 7.884.971 | — | — | — | — | — | — |
| | 1893 | 43.318.100 | 8.526.140 | — | — | — | — | — | — |
| | 1894 | 49.762.041 | 8.565.861 | 358.880 | 63 488 | — | — | — | — |
| | 1895 | 34.366.747 | 4.990.007 | 143.323 | 20.178 | 3 579.574 | 547 132 | — | — |
| | 1896 | 45.304.358 | 6.429.691 | 244.865 | 22.569 | 6.021.527 | 903.229 | — | — |
| | 1897 | 41.329.498 | 5.817.670 | — | — | 6.137.044 | 920 562 | 2.804.000 | 420.600 |
| | 1898 | 73.348.163 | 10.326.005 | 930.881 | 139 632 | 4 966.952 | 745.073 | 1 831.000 | 274.650 |
| | 1899 | 66.168.910 | 9.227.937 | 150.683 | 15.069 | 4.973 710 | 746.056 | 740.111 | 111.000 |

| HOLLANDE | | AUTRES PAYS | | TOTAL DE L'ÉTRANGER | | TOTAL GÉNÉRAL | |
|---|---|---|---|---|---|---|---|
| POIDS | VALEURS | POIDS | VALEURS | POIDS | VALEURS | POIDS | VALEURS |
| — | — | — | 585 | — | 585 | — | 64.115 |
| — | — | — | — | — | .. | — | 66.297 |
| — | — | — | — | — | — | — | 113.412 |
| — | — | — | — | — | — | — | 47.123 |
| — | — | — | 350 | — | 350 | — | 31.593 |
| — | — | — | — | — | — | 4.779 | 46.793 |
| — | — | — | — | 200 | 563 | 3.788 | 47.913 |
| — | — | — | — | 9.858 | 116.949 | 13.144 | 180.102 |
| — | — | — | — | 89 | 2.333 | 19.856 | 204.944 |
| — | — | — | — | 26.474 | 47.371 | 213.172 | 223.843 |
| — | — | — | — | 329 | 4.940 | 36.745 | 127.583 |
| — | — | — | — | — | — | 1.023 | 9.073 |
| — | — | — | — | — | — | 1.941 | 18.145 |
| — | — | — | — | — | — | 1.060 | 19.595 |
| — | — | 45 | 446 | 45 | 446 | 1.852 | 18.516 |
| — | — | — | — | — | — | 2.178 | 20.033 |
| — | — | — | — | 145 | 1.164 | 1.202 | 9.618 |
| — | — | 58 | 468 | 58 | 468 | 1.663 | 13.815 |
| — | — | — | — | — | — | 1.251 | 9.990 |
| — | — | — | — | 407 | 3.256 | 1.410 | 11.277 |
| — | — | — | — | 1.115 | 8.916 | 6.478 | 51.823 |
| 431 | 3.448 | — | — | 1.134 | 9.072 | 5.165 | 41.320 |
| — | — | 3.431.486 | 856.940 | 3.431.486 | 856.940 | 31.906.651 | 7.558.656 |
| — | — | 4.789.681 | 948.144 | 4.789.681 | 948.144 | 27.221.206 | 5.425.805 |
| — | — | 6.570.628 | 1.330.805 | 6.570.628 | 1.330.805 | 26.390.846 | 5.479.477 |
| — | — | 15.116.416 | 3.750.973 | 15.116.416 | 3.750.973 | 46.790.373 | 11.635.954 |
| — | — | 15.984.336 | 3.462.450 | 15.984.336 | 3.462.450 | 59.302.436 | 11.688.590 |
| 3.373.250 | 607.724 | 11.794.386 | 2.120.505 | 15.526.516 | 2.791.717 | 65.288.557 | 11.357.578 |
| — | — | 13.510.702 | 2.118.201 | 17.233.599 | 2.685.511 | 51.600.346 | 7.675.518 |
| 1.182.500 | 170.040 | 10.803.350 | 1.620.483 | 18.251.242 | 2.716.321 | 63.555.600 | 9.146.012 |
| 7.450.957 | 1.117.644 | 401.205 | 60.180 | 16.793.206 | 2.518.986 | 58.122.704 | 8.336.656 |
| 9.184.191 | 1.377.628 | 5.013.811 | 752.071 | 22.206.935 | 3.289.054 | 95.935.098 | 13.615.056 |
| 10.532.625 | 1.579.894 | 2.977.572 | 439.136 | 19.374.701 | 2.894.155 | 85.543.611 | 12.119.092 |

| DESIGNATION DES PRODUITS | ANNÉES | FRANCE | | HOLLANDE | | TOTAL GÉNÉRAL | |
|---|---|---|---|---|---|---|---|
| | | POIDS | VALEURS | POIDS | VALEURS | POIDS | VALEURS |
| Or de Galam | 1889 | 38 k. 967 | 105.567 | — | — | 38 k. 967 | 105.567 |
| | 1890 | 40 023 | 120.069 | — | — | 40 023 | 120.069 |
| | 1891 | 125 645 | 362.411 | — | — | 125 645 | 362.411 |
| | 1892 | 17 916 | 53.748 | — | — | 17 916 | 53.748 |
| | 1893 | 12 314 | 36.641 | — | — | 12 314 | 36.641 |
| | 1894 | 20 000 | 59.301 | — | — | 20 000 | 59.301 |
| | 1895 | 32 888 | 98.664 | — | — | 32 888 | 98.664 |
| | 1896 | 48 458 | 145.374 | — | — | 48 458 | 145.374 |
| | 1897 | 85 044 | 255.132 | — | — | 85 044 | 255.132 |
| | 1898 | 127 726 | 383.178 | 1.440 | 3.420 | 128 866 | 386.598 |
| | 1899 | 184 439 | 549.318 | — | — | 184 439 | 549.318 |

## TABLEAU DU MOUVEMENT COMMERCIAL DU SÉNÉGAL de 1889 à 1900

| ANNÉES | IMPORTATION | | | EXPORTATION | | | TOTAL GÉNÉRAL |
|---|---|---|---|---|---|---|---|
| | DE FRANCE | DE L'ÉTRAN-GER | TOTAL | EN FRANCE | A L'ÉTRAN-GER | TOTAL | |
| | fr. | fr. | fr. | fr. | fr. | fr. | fr. |
| 1889 | 9.140.060 | 13.841.920 | 22.981.980 | 13.651.349 | 2.172.580 | 15.823.929 | 38.805.909 |
| 1890 | 9.085.597 | 12.855.660 | 21.941.257 | 10.481.516 | 2.035.200 | 12.516.716 | 34.457.973 |
| 1891 | 9.116.090 | 9.092.074 | 18.208.164 | 10.946.817 | 2.001.511 | 12.948.358 | 31.156.522 |
| 1892 | 12.373.546 | 11.886.582 | 24.260.128 | 12.432.835 | 4.901.257 | 17.334.092 | 51.594.220 |
| 1893 | 9.022.348 | 7.863.249 | 16.885.567 | 13.883.133 | 4.101.597 | 17.984.730 | 34.870.297 |
| 1894 | 16.678.613 | 10.307.901 | 26.986.514 | 14.556.689 | 3.610.282 | 18.166.971 | 45.153.485 |
| 1895 | 18.438.915 | 9.830.145 | 28.269.060 | 9.199.588 | 3.236.300 | 12.435.888 | 40.704.948 |
| 1896 | 15.977.000 | 10.200.000 | 26.177.000 | 13.439.252 | 6.123.813 | 19.563.805 | 45.740.805 |
| 1897 | 16.986.000 | 12.193.000 | 29.179.000 | 16.105.467 | 5.031.184 | 21.136.651 | 50.315.651 |
| 1898 | 20.979.000 | 12.176.000 | 33.155.000 | 23.133.991 | 6.012.764 | 29.146.755 | 62.301.755 |
| 1899 | 36.260.028 | 16.175.282 | 52.435.310 | 17.466.912 | 6.241.372 | 23.708.284 | 76.143.594 |

# TABLEAU COMPARATIF DES GOMMES

LES ANNÉES 89 à 98

| ANNÉES | DESTINATION : | | | | | | | |
| | FRANCE | | ANGLETERRE | | HOLLANDE | | AUTRES PAYS | |
| | POIDS | VALEURS | POIDS | VALEURS | POIDS | VALEURS | POIDS | VALEURS |
|---|---|---|---|---|---|---|---|---|
| 1889 | 2.730.323 | 4.689.384 | » | » | » | » | 28.636 | 82.968 |
| 1890 | 2.904.765 | 3.310.631 | » | » | ». | » | 4.872 | 5.646 |
| 1891 | 3.652.044 | 4.253.745 | » | » | » | » | 1.246 | 875 |
| 1892 | 3.773.066 | 3.841.070 | » | » | » | » | » | » |
| 1893 | 3.541.312 | 2.596.775 | » | » | » | » | 831 | 665 |
| 1894 | 3.651.093 | 2.457.509 | » | » | » | » | 65.297 | 36.033 |
| 1895 | 3 979.292 | 2.328.816 | » | » | » | » | » | » |
| 1896 | 3.641.679 | 2.979.742 | » | » | » | » | » | » |
| 1897 | 4.928.403 | 4.721.495 | » | » | » | » | » | .» |
| 1898 | 5.144.150 | 4.228.506 | 161.267 | 145.140 | 114.664 | 92.381 | 586 | 218 |
| 1899 | 4.216.227 | 3.521.875 | » | » | » | » | 4.131 | 3.718 |

des XVIIIᵉ et XIXᵉ SIÈCLES

| TOTAL DE L'ÉTRANGER | | TOTAL GÉNÉRAL | | SIÈCLE CORRESPONDANT | | OBSERVATIONS |
|---|---|---|---|---|---|---|
| POIDS | VALEURS | POIDS | VALEURS | ANNÉES | POIDS EN LIVRES (1) | |
| 28 636 | 82.968 | 2.758.959 | 4.772.352 | 1789 | 1.434 024 | **QUELQUES CHIFFRES ANTÉRIEURS**<br>Nous avons pu nous procurer les chiffres globaux des années suivantes, savoir : |
| 4.872 | 5.646 | 2.906.637 | 3.316.277 | 1790 | 1.423.400 | |
| 1.246 | 875 | 3.653.290 | 4.254.620 | 1791 | 1.409.683 | |
| » | » | 3.773.066 | 3.841.070 | 1792 | » | EXPORTATION DE LA GOMME |
| 831 | 665 | 3.542.143 | 2.597.440 | 1793 | 229.333 | 1828   1.491 809 k.<br>1830   2.044.578 |
| 65.297 | 36.033 | 3.716 390 | 2.193.542 | 1794 | 946.666 | 1835   1.464.878<br>1840   3.100.377 |
| » | » | 3.979.292 | 2.328 816 | 1795 | 916.000 | 1845   3.656.495<br>1850   1.319.107 |
| » | » | 3.641.679 | 2.979.742 | 1796 | 742 666 | 1851   1.848 484 |
| » | » | 4.928.403 | 4.721.495 | 1797 | 1.144.984 | 1852   1.810.686<br>1853   3.718.134 |
| 276.517 | 237.739 | 5.420.667 | 4.466.245 | 1798 | 1.478.614 | 1854   2.529.700 |
| 4.131 | 3.718 | 4.220.358 | 3.525.593 | » | » | (1) La gomme valait alors 60 à 75 centimes la livre (1802). |

# AGRICULTURE

L'agriculture au Sénégal, entièrement laissée aux mains indigènes, est encore à l'état rudimentaire.

Le sol, bien qu'il ne soit pas d'une fertilité exceptionnelle,
peut néanmoins être cultivé sur sa plus grande étendue et produire des récoltes rémunératrices. Suivant les régions, on trouve
des terres qui diffèrent notablement dans leur nature physique et
leur composition chimique.

Les terres argilo-sableuses, provenant des alluvions déposées
par les cours d'eau, dominent dans les bassins inférieurs du
Sénégal, du Saloum et de la Casamance. Elles conviennent peu
à la culture des arachides, mais sont très favorables au cotonnier
et à certaines variétés de gros mil comme le *bassi*, le *felah* et le
*gadiaba*.

Les terrains sablonneux silico-calcaires sont plus communs et
couvrent, en particulier, la plus grande partie du Cayor et du
Baol; ils conviennent à l'arachide, au manioc et aux variétés de
petit mil appelées *Souna* et *Sanio*.

Les terres ferrugineuses, constituées par la latérite (argile dense
et durcie, de couleur rouge brique mélangée de quartz) sont les
moins cultivées. Elles portent ordinairement de belles forêts,
comme celles des environs de Thiès et des provinces sérères;
parfois la latérite est recouverte par une couche de sable et fournit
alors un sol agricole très fertile.

Dans l'intérieur du pays, principalement dans le Fouta central,
on rencontre un terrain schisteux très propice à la culture du
maïs et du gros mil.

Les cultures dominantes sont celles du mil et de l'arachide.

## LE MIL

Le mil (*sorghum vulgare* Pers.) est le grain qui forme la base
de l'alimentation des indigènes. On en distingue deux sortes :
le gros et le petit qui se subdivisent à leur tour en un grand
nombre de variétés. Les plus communes sont, pour le gros mil :
le *diarnat*, le *gadiaba*, le *félah*, le *mianico*, le *bassi* et le *tigne*;
pour le petit mil, le *souna*, le *sanio*, le *tiotandé* et le *m' bakat* ou *fonio*.

Le *diarnat* est un grain rouge, arrondi, de 3 à 5 mm. de diamètre, fournissant une farine grossière réservée, d'ordinaire, aux
domestiques et aux animaux.

Le *gadiaba*, souvent mélangé au petit mil et même au maïs,
est blanc, arrondi, de 3 à 5 mm. de diamètre.

Le *félah* est un grain arrondi, blanc, très farineux, avec lequel
on prépare un couscou très apprécié.

Le *nianico* est de grosseur moyenne, aplati, très dur, moins
estimé que les précédents pour l'alimentation.

Le *bassi* ressemble au nianico, il fournit un excellent couscou
et une bonne nourriture pour les chevaux.

Le *souna* est le petit mil le plus apprécié pour la préparation
des aliments. C'est un grain petit de 1 à 2 mm. d'une teinte
vert pâle.

Le *sanio* est moins précoce que le souna et n'en diffère que par
les barbes longues et raides que porte sa panicule.

Le *tiotandé* est un grain petit, ovale, sucré; il sert à préparer
des mets de luxe plutôt que de consommation courante.

Le *m' bakat* est un mil qui pousse à l'état sauvage, d'où le nom
de mil des oiseaux. Les graines très petites, oblongues, noirâtres,
sont très nourrissantes. Il fait l'objet d'une culture rudimentaire
chez les Toucouleurs du Fouta qui le connaissent sous le nom
de fanio.

Le gros mil est cultivé de préférence dans les terrains frais et argileux, par exemple, dans ceux qui ont été inondés pendant l'hivernage. On le sème sur les bords du fleuve Sénégal après le retrait des eaux, c'est-à-dire, en octobre et novembre : la récolte a lieu alors en avril. Dans l'intérieur, il est semé au commencement des pluies d'hivernage en juin et est récolté en novembre.

Le petit mil préfère, en général, les terres légères; il est le plus répandu; on le trouve à peu près partout. La variété la plus précoce est le souna, dont la maturité a lieu fin septembre. Il est précieux pour les indigènes de l'intérieur, qui, très imprévoyants, ont déjà, à cette époque de l'année, consommé toutes leurs réserves.

Les quantités de mil exportées pendant ces dernières années sont :

| | | |
|---|---|---|
| en 1894. . . | 65,631 k. | valant 66fr,40 |
| en 1895. . . | 595 | — 78 25 |
| en 1896. . . | 3,969 | — 593 85 |
| en 1897. . . | 2,550 | — 255 |
| en 1898. . . | 51,429 | |

En dehors de 30 à 40 tonnes de mil expédiées à Bordeaux pour faire de l'amidon, de la farine ou de l'alcool, toute la récolte est consommée dans le pays. Le gros mil se vend en moyenne de 9 à 10 fr. les 100 kilos et le petit mil de 12 à 15 fr.

En temps de disette, les indigènes récoltent les graines de certaines graminées, comme le m' bakhat ou mil des oiseaux. Ils se nourrissent également de la graine et du tubercule du nénuphar (diakhar), plante commune dans tout le bas Sénégal.

### MAÏS, RIZ, MANIOC

Le maïs réussit bien dans la colonie, il est surtout cultivé dans le Fouta.

Les indigènes en distinguent deux variétés, le jaune et le blanc.

Le maïs blanc est préféré pour les animaux et ses rendements sont plus élevés. Le maïs est semé dès les premières pluies d'hivernage. Il pousse rapidement et est bon à récolter en septembre. Les indigènes en font une farine, qu'ils mélangent à celle du mil pour préparer leur couscou.

Le maïs coupé vert constitue un excellent fourrage.

Il serait possible, dans l'Afrique Occidentale, d'étendre cette culture et de fournir à la France la majeure partie du maïs qu'elle demande actuellement à l'étranger.

Le riz pousse à l'état spontané plutôt qu'il n'est cultivé dans le Ouolo et le Saloum. Mais en Casamance, il est l'objet de beaucoup de soins. D'importantes rizières pourraient être établies dans les terrains qui bordent le fleuve Sénégal et dans toute la dépression inondée par le lac de Guiers.

La culture du manioc prend de jour en jour de l'extension. Ce tubercule, riche en matières amylacées, sert à la nourriture des indigènes ; c'est une précieuse ressource alimentaire dans les années de disette, lorsque la récolte de mil vient à manquer.

### ARACHIDE

L'arachide (arachis hypogea) est la véritable plante économique du Sénégal. C'est une légumineuse annuelle dont les tiges s'étalent sur le sol et dépassent rarement 30 à 40 cm. de longueur. Les gousses longues de 3 à 5 cm. renferment de 1 à 3 graines de la grosseur d'une amande de noisette.

Les arachides se sèment décortiquées en juin et juillet, lorsque la terre est déjà détrempée par les premières pluies. Elles sont placées à la distance de 30 à 60 cm. les unes des autres et enfouies à 3 ou 4 cm. de profondeur. Au cours de leur végétation, elles reçoivent plusieurs sarclages pour les débarrasser des mauvaises herbes. Après la fécondation, le pédoncule de la fleur se recourbe, s'allonge et pénètre dans le sol où la graine se développe et mûrit.

La récolte a lieu fin octobre et novembre.

Les plantes sont mises en gros tas ; lorsqu'elles sont sèches, les gousses sont séparées des tiges soit à la main, soit par battage. Celles-ci constituent un excellent fourrage estimé 5 fr. les 100 kil. à Saint-Louis.

Les graines sont portées aux traitants établis dans les escales. Elles sont vendues non décortiquées au prix moyen de 12 à 15 fr. les 100 kilos. Elles sont expédiées en Europe où elles sont payées, selon les besoins, de 23 à 25 fr. le quintal. Il y a une vingtaine d'années, elles se vendaient de 30 à 35 fr. sur les marchés européens, mais une baisse considérable est survenue par suite de la concurrence des arachides de l'Inde et d'Egypte.

Cette culture est surtout développée dans les provinces qui avoisinent la voie ferrée de Dakar à Saint-Louis. Avec leurs procédés primitifs, les indigènes obtiennent à l'hectare dans les bonnes terres de 1500 à 2000 kilos d'arachides sèches.

On retire des arachides du Cayor une bonne huile comestible, dans la proportion de 35 à 40 o/o.

Le commerce reçoit du haut fleuve des graines dites « arachides de Galam » qui donnent une huile inférieure.

L'arachide est l'objet d'un commerce d'exportation considérable, comme le montrent les chiffres suivants :

| ANNÉES | POIDS EN KILOGRAMMES | VALEUR |
|--------|--------|--------|
| 1892 | 46.790.373 | 11.635.944 fr. |
| 1893 | 58.582.661 | 11.559.030 » |
| 1894 | 65.288.557 | 11.357.578 » |
| 1895 | 51.537.358 | 7.661.684 » |
| 1896 | 63 555.600 | 9.146.012 » |
| 1897 | 58.022.732 | 8.336.626 » |
| 1898 | 95.555.098 | 13.615.059 » |

## COTONNIER, INDIGO, RICIN

Le cotonnier croît à l'état spontané dans toute la colonie, surtout dans les terres argileuses et sur les bords des marigots.

On en rencontre des champs, de faible étendue, il est vrai, près des villages indigènes.

On en distingue trois variétés principales : le makho, le n'dar n'gou, le n'guiné.

Le makho est le plus estimé ; sa soie est brillante, résistante, mais courte et son rendement moins élevé que celui des deux autres variétés. Ces cotons sont employés par les indigènes pour la confection de tissus grossiers.

Des essais, faits sur les cotons à longue soie d'Egypte et des Etats-Unis, ont très bien réussi au jardin d'essai de Richard-Toll et à la ferme de M. Bambey (Baol).

On trouve, dans la colonie, de grandes étendues de terrains qui conviennent à la culture du coton. Il y a de ce côté une intéressante tentative à faire et, peut-être, une nouvelle source de richesses, alors qu'il est reconnu que l'exploitation unique de la gomme et de l'arachide ne peut suffire désormais à assurer la prospérité du pays.

L'indigo vient à l'état spontané dans le pays. On en trouve même de véritables champs près du fleuve Sénégal vers Kaédi et Bakel.

A l'analyse, cet indigo a donné d'excellents résultats : il supporte très avantageusement la comparaison avec celui de l'Inde.

Les indigènes l'utilisent pour teindre les tissus dont ils font leurs vêtements. Une maison française en tente actuellement l'essai pour la teinture des guinées.

Plusieurs autres plantes sont utilisées dans le pays comme matières tinctoriales ce sont : le n'dennat (convolvulus), le fayar (cochlospermum tinctorium), le ratt (combretum glutinosum).

Le ricin pousse très bien dans la colonie.

Il y a quelques années, sa culture fut l'objet d'une propagande très active, encouragée par le département. Le peu de succès obtenu paraît être dû au mauvais choix de la variété essayée.

Les forêts couvrent encore de grandes étendues au Sénégal. Le Ferlo possède des forêts de gommiers; la Casamance peut fournir de beaux bois de construction et d'ébénisterie comme celui de Caïlcédrat (Kaya senegalensis), de Veu (Pterocarpus erivaceus), de Tali (Erytropheum guineense), etc...

## CAOUTCHOUC

On retire d'une liane (Landolphia Heudelotii) un bon caoutchouc, et d'un arbre (Ficus Vogelii) un caoutchouc de qualité inférieure. Les lianes sont très communes en Casamance et dans la région des « Niayes » qui bordent l'océan de Dakar à Saint-Louis.

Le caoutchouc forme aujourd'hui le principal élément de commerce de la Casamance. Son prix d'achat varie, suivant la qualité, de 4 fr. à 6 fr. 50 le kilogr.

*Caoutchouc exporté du Sénégal de 1894 à 1898.*

| ANNÉES | QUANTITÉS | VALEUR |
|--------|-----------|--------|
| 1894 | 657.538 kilogr. | 1.618.336 fr. » |
| 1895 | 162.620 — | 569.174 fr. 34 |
| 1896 | 149.148 — | 522.018 fr. 70 |
| 1897 | 155.631 — | 545.408 fr. » |
| 1898 | 340 531 — | 1.191.864 fr. » |

Des essais d'acclimatation faits sur l'arbre à caoutchouc de Céara (Manihot Glaziovi) ont parfaitement réussi. Mais les plantations sont encore trop récentes pour qu'il soit possible de se prononcer sur l'avenir de cette plante dans la colonie.

———~∿∿~———

Par sa situation à la limite méridionale de la région désertique, par le peu de durée de la saison des pluies, le Sénégal est moins favorisé, au point de vue de la variété des produits agricoles, que la plupart des colonies franchement tropicales. Il rachète en partie ce désavantage par la possibilité d'y élever en grand le bétail qui devient de plus en plus rare à mesure que l'on s'avance vers le sud. En 1892 une terrible épizootie détruisit une grande partie des troupeaux ; mais à présent ceux-ci sont complètement reconstitués.

Les chevaux sont communs au Sénégal, sauf en basse Casamance où le climat leur est peu favorable.

Ils se rapportent à deux races bien distinctes : les chevaux dits « du fleuve » ou Narou gor et les chevaux M'Bayar.

Les premiers rappellent par leurs caractères les barbes algériens. Leur taille moyenne est de $1^m,45$. Certains sujets sont bien conformés, mais l'ensemble laisse à désirer au point de vue de la régularité des formes et des aplombs. Ils présentent de réelles qualités de sobriété, de rusticité et d'endurance. Par une sélection méthodique ou par des croisements judicieux avec des étalons algériens on pourrait améliorer cette population chevaline.

Les chevaux M'Bayar sont de plus petite taille que les précédents, la moyenne est de $1^m,35$. Ils sont robustes et vigoureux. Ils supportent mieux que les premiers la saison d'hivernage et sont moins sujets aux maladies. Le centre de production est le Baol.

Deux races principales se partagent la population bovine sénégalaise.

Le *gobra* ou bœuf à bosse et le *n'dama*, bœuf sans bosse.

Les bœufs à bosse, appelés également bœufs porteurs, se rencontrent dans tout le pays, mais sont surtout nombreux chez les Maures, dans le Oualo, le Cayor, le Baol. Ils sont de grande taille, souvent plus de 1<sup>m</sup>,50 et certains atteignent des poids de 500 à 600 kilog. Ils sont très dociles et peu difficiles dans le choix de leur nourriture. Ils sont utilisés comme bêtes de somme et remplacent avantageusement les chameaux pour effectuer des transports pendant l'hivernage.

Le poids moyen des adultes est de 300 à 400 k. pesés vifs. A l'abattage, leur rendement, en viande nette, varie de 40 à 45 o/o.

Leur prix est de 80 à 120 fr. l'un.

Les vaches sont mauvaises laitières, elles donnent en moyenne pendant la période de lactation 3 litres de lait par jour.

Elles valent de 150 à 200 fr., mais d'ordinaire les indigènes ne veulent pas s'en dessaisir.

Les individus de races N'Dama ou sans bosse sont de petite taille, de 1<sup>m</sup>,20 à 1<sup>m</sup>,30 de haut. Ils sont bien conformés et rappellent les animaux perfectionnés de race bretonne.

Leur pelage comme celui des précédents est essentiellement variable : les robes froment clair et noires sont les plus communes.

Cette race semble originaire du Fouta-Djallon, d'où elle s'est répandue dans les contrées avoisinantes. On la trouve actuellement dans tout le Sénégal, mais plus particulièrement dans les régions sud.

Les bœufs se dressent facilement au joug et peuvent être utilisés pour traîner la charrue et les charrettes.

Les individus provenant du croisement du n'dama et du gobra sont désignés sous le nom de « ouarlé ».

Ils sont très estimés des indigènes qui les recherchent même dans le Sine et le Baol.

A la suite de l'épizootie de 1892, des animaux importés du Cap-Vert et de chez les Maures ont laissé des traces de leur sang dans la population actuelle.

Ce sont les Peulhs, les Toucouleurs et les Sérères qui ont les plus beaux troupeaux. Ils en ont le plus grand soin; leur richesse d'ailleurs s'estime par le nombre de têtes de bétail qu'ils possèdent.

Les ânes sont fort nombreux. Ils sont rustiques et très solides, malgré leur petite taille. Ils rendent de grands services pour les transports.

Les chameaux sont nombreux dans le pays pendant la saison sèche : ils sont utilisés pour les transports d'arachides, de mil et de gomme. Ils appartiennent presque tous aux Maures qui sont les véritables commissionnaires de la colonie. Ils sont emmenés au nord du fleuve pendant l'hivernage.

Les chameaux supportent difficilement la saison des pluies; plus des trois quarts meurent lorsqu'ils restent dans le pays. Ceux qui sont acclimatés, appelés chameaux « *ouolofs* », valent de 500 à 600 fr. pièce, tandis qu'un animal ordinaire se vend de 150 à 250 fr. On les charge de 300 à 500 k. et ils fournissent des étapes de 50 kilomètres sans fatigue.

Les moutons et les chèvres sont très communs. Le mouton sénégalais est haut sur jambes; sa taille est de 70 a 80 centim., il n'a pas de laine, mais seulement du poil grossi r.

Les indigènes utilisent le lait de brebis pour leur nourriture. Un mouton vaut dans l'intérieur de 3 à 5 fr.

Les chèvres sont de très petite taille, de $0^m,50$ à $0^m,70$, elles donnent très peu de lait, de 75 centil. à 1 litre par jour.

Somme toute, le Sénégal est un pays où l'élevage des animaux est développé et constitue une des richesses des indigènes.

Le Sénégal, malgré sa réputation de pays pauvre, possède d'immenses ressources qui n'attendent que des colons et des capitaux pour être exploitées.

Le gouvernement de la colonie, persuadé, du reste, que la prospérité du pays dépend du développement de l'agriculture, concentre tous ses efforts pour augmenter la production agricole en protégeant et encourageant ceux qui se livrent à la culture. Depuis quelques années des habitants de Saint-Louis et de Dakar ont créé de nombreux jardins potagers et fait d'importantes plantations d'arbres fruitiers dans la banlieue de leurs villes.

Un comité agricole fut institué le 15 octobre 1896 dans le but de proposer les mesures les plus aptes au développement agricole de la colonie.

Depuis 1898, il existe un service de l'agriculture dont les agents ont pour mission de renseigner les colons sur toutes les questions agricoles et horticoles, de préconiser et de propager les bonnes méthodes de culture et d'élevage, de rechercher les plantes alimentaires et industrielles susceptibles d'être exploitées avantageusement au Sénégal.

Le personnel comprend un inspecteur de l'agriculture, chef du service, et des agents de culture. Ceux-ci dirigent les établissements agricoles créés dans les cercles. Il existe actuellement deux jardins d'essais, l'un à Richard-Toll, l'autre à Sor (près Saint-Louis) et des fermes d'expériences dans le Cayor, à Louga et à Tivaouane, dans le Baol à M. Bambey, dans le Saloum, à Kaolack.

Dans ces établissements, on procède à des essais en vue d'améliorer les cultures indigènes par la sélection des semences et par l'emploi de fumures et d'instruments agricoles perfectionnés. On s'y occupe de l'acclimatation de plantes exotiques alimentaires et industrielles.

Les bonnes variétés, une fois reconnues, sont multipliées et des plants en sont donnés gratuitement. Les résultats des recherches sont communiqués à tous ceux qui s'intéressent à l'agriculture et publiés au *Journal officiel de l'Afrique Occidentale française.*

De jeunes indigènes reçoivent dans ces établissements un enseignement agricole pratique.

Des pépinières sont en outre établies dans les divers postes où se trouvent des administrateurs ou des résidents.

De plus, en 1899, des champs de démonstration ont été faits

dans certains cercles, auprès des chefs les plus aptes à s'assimiler nos idées et à seconder nos efforts pour développer les richesses agricoles du pays.

Pour amener les noirs à renoncer à leur vieille routine, pour les amener à perfectionner leur matériel et à augmenter leurs cultures, il a été distribué des charrues et des semences par les soins du service des affaires indigènes.

En vue de l'amélioration de la race chevaline, ce qui réclame des connaissances et des soins spéciaux, il a été créé, en 1898, un haras à N'Djourbel dans le Baol (cercle de Thiès).

Somme toute, des efforts très précieux sont faits pour développer l'agriculture au Sénégal et assurer ainsi la prospérité de la colonie.

## VOIES DE COMMUNICATION DANS LES PAYS
## DE PROTECTORAT

*Caravanes.* — Le commerce des pays du protectorat au Sénégal avec les comptoirs des escales ou de la côte, se fait en partie au moyen de caravanes de chameaux et bourriquots et pour le reste au moyen de transports par eau, sur des boutres et des pirogues.

Les Maures de la rive droite du Sénégal amènent de nombreuses caravanes à Saint-Louis ainsi qu'aux diverses escales du fleuve; les habitants du Djoloff, contrée la plus éloignée de la côte, viennent également avec des caravanes aux stations les plus rapprochées du chemin de fer et même jusqu'à Saint-Louis, apporter les gommes.

*Routes.* — Les routes charretières n'ont qu'un développement total de 20 kilomètres environ, en y comprenant la chaussée nécessitée par l'établissement de chemins de fer Decauville, d'une longueur de 5 à 6 kilomètres, desservant les établissements commerciaux dans les escales du chemin de fer et du fleuve.

Le charroi commercial, sur les 20 kilomètres de routes empierrées, est très peu développé.

Les autres routes, d'une longueur totale de 3,568 kilomètres, consistent en une piste de 8 mètres à 10 mètres de largeur, bien débroussaillée, mais non empierrée, ni nivelée. Les piétons et les caravanes les utilisent, de préférence aux sentiers, à cause de la plus grande facilité de circulation !

Des puits, creusés le long de ces pistes, tous les 25 ou 30 kilomètres, fournissent l'eau potable nécessaire aux caravanes.

Certaines parties du territoire des pays de protectorat, coupées de marigots, de bras de rivière ou fleuve, ont nécessité l'établissement de 12 ponts d'une longueur variable de 7 mètres à 188 mètres (ce dernier est situé sur le fleuve le Saloum et possède une pile mobile pour ne pas entraver la navigation); 47 ponceaux ont été jetés sur autant de petits cours d'eau ou marigots; 3 appontements, d'une longueur de 10 mètres à 25 mètres, prolongent les routes aux terminus des embarcadères ou warfs; enfin, des bacs, composés par des pirogues mesurant 10 mètres à 12ᵐ,50 de long, sont établis en divers points pour relier deux tronçons de route séparés par un bras de rivière, de fleuve ou un marigot.

*Tableau indicatif des routes par cercle.*

| CERCLES | DIRECTION | NOMBRE de KILOMÈT. |
|---|---|---|
| DAGANA | Dagana à Richard Toll . . . . . . . . | 22 |
| | Dagana à Bokol . . . . . . . . | 13 |
| | Richard-Toll à N'Guermalal . . . . . . | 90 |
| PODOR | Podor à Souyma . . . . . . . . | 1 |
| | Podor à Guia . . . . . . . . | 7 |
| KAÉDI | Kaedi au fleuve (voie Decauville) . . . . | 2 |
| BAKEL | Bakel à Kassichagar . . . . . . . . . | 88 |
| | Moullesimo à Guemon. . . . . . . . | 15 |
| | Guémon à Dio-Gomatourou . . . . . . | 15 |
| | Bakel à Koussan . . . . . . . . | 100 |
| | Bakel à Tounmé. . . . . . . . . | 15 |
| | Bakel à Allalevi . . . . . . . . | 12 |
| | Bakel à Tuabo. . . . . . . . . | 10 |
| | à *reporter* . . . | 390 |

| CERCLES | DIRECTION | NOMBRE de KILOMÈT. |
|---|---|---|
| | *Report* . . . . | 390 |
| | Louga à Oulingara . . . . . . . | 5 |
| | Louga à N'Diagne . . . . . . . | 30 |
| | N'Diagne à Coki . . . . . . . | 14 |
| | N'Diagne a N'Dem et Ouarack . . . . | 12 |
| | Ouarack à Bélèle . . . . . . . | 3 |
| | Ouarack à Coki . . . . . . . | 5 |
| | Louga à Ouarack . . . . . . | 22 |
| | Louga à Coki . . . . . . . | 24 |
| | K. Abdoulay à Mégnélé . . . . . | 24 |
| | Mégnélé à Djevol . . . . . . | 14 |
| | Coki à Pété Ouarak . . . . . . | 20 |
| LOUGA | Coki à Djevol . . . . . . . | 18 |
| | Djevol à M'Bayen . . . . . . | 24 |
| | Djevol à N'Gan . . . . . . | 26 |
| | N'Gan à Sagata . . . . . . . | 12 |
| | Sagata à Dara . . . . . . . | 18 |
| | Sagata à Haffé . . . . . . . | 14 |
| | Haffé à Dara . . . . . . . | 27 |
| | M'Bayen à Yang-Yang . . . . . . | 23 |
| | M'Bayen à Dara . . . . . . . | 26 |
| | Dara à Yang-Yang . . . . . . | 28 |
| | Dara à Lynguère . . . . . . | 36 |
| | Yang-Yang à Doundodje . . . . . | 20 |
| | Doundodje à Khokhol . . . . . | 24 |
| | Doundodje à Lynguère . . . . . | 12 |
| | Lynguère à Tioucougueul . . . . | 20 |
| | Lynguère à Khokhol . . . . . . | 16 |
| | Louga à Niomré . . . . . . | 13 |
| | Niomré à Gouimbotte . . . . . . | 10 |
| LOUGA | Niomré à Dia . . . . . . . . | 8 |
| | Louga à Dia . . . . . . . . | 20 |
| | Dia à Perregui . . . . . . . | 7 |
| | Perregui à Bokhol . . . . . . . | 25 |
| | Louga à Sakal . . . . . . . | 24 |
| | Sakal à M'Pal . . . . . . . . | 13 |
| | Sakal à N'Guick . . . . . . . . | 5 |
| | *à reporter* . . . | 1.032 |

| CERCLES | DIRECTION | NOMBRE de KILOMÈT. |
|---------|-----------|---------------------|
| | *Report* . . . | 1.032 |
| LOUGA | N'Guick à Bokhol . . . . . . . | 15 |
| | N'Guick à Perregui. . . . . . . | 17 |
| | M'Pal à Bakhol. . . . . . . . | 15 |
| | M'Pal à Gautour. . . . . . . . | 18 |
| | Gautour à Mouït . . . . . . . | 9 |
| | Gautour à Rao . . . . . . . . | 6 |
| | Sakal à Thieleyman . . . . . . | 22 |
| | Louga à Mouït . . . . . . . . | 42 |
| | Louga à Soucoundou . . . . . . | 30 |
| | Soucoundou à Mouït . . . . . . | 15 |
| CAYOR | Kermandoubé Kary à N'Diagne . . . . | 60 |
| | Betéte à Bidgène . . . . . . . | 100 |
| | M'Boro à Tivaouane . . . . . . | 45 |
| | K. Malic Diaye à Tioaouane . . . . . | 6 |
| | M'Baba à Tivaouane . . . . . . | 7 |
| THIÈS | Thiès à Samlé près Toul . . . . . | 94 |
| | Id.      id.      Goundiane . . . . | 93 |
| | Id.      Fissel . . . . . . . . | 50 |
| | Id.      Popenguine . . . . . . . | 38 |
| | Id.      Pout. . . . . . . . . | 12 |
| | Goundiane à Fissel. . . . . . . | 25 |
| | Id.      Lambaye . . . . . . . | 25 |
| | Id.      Toul . . . . . . . . | 13 |
| | Fissel à Lambaye . . . . . . . | 36 |
| THIÈS | Fissel à Djourbel . . . . . . . | 50 |
| | Id.      frontière du Sine . . . . | 12 |
| | Soussame à Nianing . . . . . . . | 35 |
| | Baback à Nianing . . . . . . . | 46 |
| | Sambé à Guouy . . . . . . . . | 30 |
| | Toul à Tivaouane . . . . . . . | 21 |
| | Id.      id.      par Guandangaye . . | 21 |
| | Lambaye à Tivaouane par Guandangaye . . | 35 |
| | Id.      Tièpe      id.      id. | 5 |
| | *à reporter* . . . | 2.080 |

SÉNÉGAL-SOUDAN

| CERCLES | DIRECTION | NOMBRE de KILOMÈT. |
|---|---|---|
| | *Report* . . . | 2.080 |
| | Kaolack à Malem . . . . . . . . | 91 |
| | Kaolack à Nioro. . . . . . . . . | 65 |
| | Kaolack à Foundiougne . . . . . . | 63 |
| | Kaolack à Diakao . . . . . . . . | 47 |
| | Kaolack à Fatick . . . . . . . . | 45 |
| | Malem à Maka Colibactam . . . . . | 152 |
| | Malem à Kayemor . . . . . . . . | 50 |
| SINE | Niakhar à Fatick . . . . . . . . | 16 |
| SALOUM | Niakhar à Diakao . . . . . . . . | 10 |
| | Niakhar à Fissel. . . . . . . . . | 25 |
| | Diakao à Fatick . . . . . . . . . | 22 |
| | Diakao à N'Diourbel . . . . . . . | 28 |
| | Fatick à Foundiougne. . . . . . . | 23 |
| | Fatick à Fissel . . . . . . . . | 46 |
| | Fatick à Joal. . . . . . . . . . | 55 |
| | Foundiougne à Nioro . . . . . . . | 120 |
| | Matam à Mdelbi . . . . . . . . | 126 |
| | Fadiara à Verna. . . . . . . . . | 6 |
| | Fadiara à Semmé . . . . . . . . | 24 |
| | Semmé à Gassambéri . . . . . . . | 13 |
| MATHAM | Orkadiéré à Sinthiou . . . . . . . | 41 |
| | Sinthiou à Soringo. . . . . . . . | 7 |
| | Sinthiou à Abdoul Salam. . . . . . | 31 |
| | Kanel à Matham. . . . . . . . . | 20 |
| CASAMANCE | Sédhiou à Kaukelefa . . . . . . . | 297 |
| | Nioro à Médina . . . . . . . . . | 35 |
| | Nioro à Kaolack. . . . . . . . . | 12 |
| NIORO | Nioro à Coular . . . . . . . . . | 56 |
| | Nioro à Foundiougne . . . . . . . | 50 |
| | Coutango à N'Diayen . . . . . . . | 12 |
| | TOTAL . . . . | 3.568 |

*Voies navigables.* — Le fleuve du Sénégal a un cours de 400 lieues. Il est navigable en toute saison, pour les bâtiments calant 12 pieds d'eau, jusqu'à Richard-Toll, à 30 lieues de son embouchure, et, pour les bâtiments calant 8 pieds d'eau, jusqu'à Mafou, à 90 lieues de son embouchure ; et pendant les mois d'août, septembre, octobre et novembre, il est navigable pour les bâtiments calant 12 pieds d'eau jusqu'à Médine, près les cataractes du Félou, à 250 lieues de son embouchure.

Dans les mois d'août, septembre et octobre, son affluent, la Falémé, est navigable sur une longueur de 40 lieues au moins pour des bâtiments calant 6 pieds.

Les estuaires du Saloum et de la Casamance pénètrent bien avant dans les terres et sont navigables pendant près de 160 kilomètres.

# RÉGIME DES MINES AU SOUDAN ET AU SÉNEGAL

Le régime des mines, au Sénégal et au Soudan, n'a été réglementé dans la colonie que par l'arrêté du 7 octobre 1896 promulguant le décret du 14 août de la même année.

Sa promulgation démontre : 1° qu'il existe des richesses minières dans la colonie, 2° qu'elles ne sont point en exploitation puisqu'aucune disposition législative n'en avait réglementé ni le mode d'exploitation, ni les conditions préalables pour obtenir l'autorisation de les rechercher.

Est-ce à dire que la découverte des mines, au Sénégal ou au Soudan, soit de date récente ? Evidemment non.

Les annuaires mentionnent les tentatives des compagnies libres de Dieppe et Rouen ; de la compagnie des Indes occidentales, du Sénégal, de Paris, de la compagnie de la gomme, etc., etc... qui ne donnèrent d'ailleurs aucun résultat.

De nos temps, on se rappelle les tentatives de Faidherbe et du colonel du génie Maritz, à Keniéba, dans la Falémé, ainsi que celles d'une ancienne maison du Sénégal : Merle et Robert, dans le Boundou, le Bouré et sur les rives mêmes de la Falémé.

Les notices coloniales publiées à l'occasion de l'exposition universelle d'Anvers en 1885, nous apprennent que dans le Boundou, le Bambouk et le Bouré, les gisements comprennent l'or, l'argent, le mercure, le cuivre et le fer. L'exploitation de ces gisements connus depuis longtemps, principalement ceux du Bambouk et du Boundou, fut l'objectif des compagnies commerciales que nous avons citées plus haut; puis du gouvernement à Keniéba, et enfin de l'initiative privée, ainsi que nous l'avons déjà mentionné.

Vers 1626, les Portugais fondèrent des établissements fortifiés dans le Bambouk; mais les données précises, et encore sônt-elles empreintes d'exagération, ne datent que de 1714, date de la fondation du fort Saint-Pierre.

Compagnon, dans son exploration de 1716, cite un grand nombre de mines, notamment celles de Semeyla, de Tabaoura, de Nettako ou Netteko. Les mines de Kélimané sont visitées 30 à 40 ans après par Ausnac, directeur d'une des compagnies de commerce. Les essais faits en 1730 par le métallurgiste Pelays sur les terres extraites à Semeyla et Netteko, donnèrent 144 grains et demi pour 80 livres de terre à Netteko.

A Semeyla, 10 livres de matière brute donnèrent un rendement trois fois supérieur à celui de la terre du puits de Netteko.

Divers projets furent conçus par les agents des anciennes compagnies pour arriver à l'exploitation directe des gisements aurifères du Bambouk et du Boundou. Un seul des projets, celui de M. Durand, directeur de la compagnie de 1785 à 1786, fut reconnu pratique.

Il consistait à créer des établissements commerciaux au bord des mines les plus riches, afin de perfectionner leur exploitation en la dirigeant et sans enlever aux possesseurs du sol leur droit de propriétaires. Il ne fut pas suivi.

D'ailleurs, nous dit M. Ernest Fallot, membre de la société de géographie de Marseille, dans son histoire de la colonie française du Sénégal, « les compagnies qui avaient successivement possédé le Sénégal, dirigées par des mains sans scrupules, et qui n'avaient d'autre mission à remplir que d'enrichir leurs actionnaires, n'ont rien tenté de sérieux (sauf sous la courte administration de Brue), pour en faire une véritable colonie. Les postes construits à Podor, à Saint-Joseph (au Sénégal) et Saint-Pierre sur la Falémé, n'avaient pas été autre chose que des entrepôts fortifiés. Celui de Saint-Joseph, placé au centre du riche état de Galam, n'avait jamais servi qu'à l'achat des esclaves qui alimentaient le marché de Saint-Louis. Or ce commerce d'esclaves était si lucratif que, malgré la loi de 1825, qui décida que les négriers seraient traités avec la même sévérité que des pirates, la recherche de l'or et des produits riches fut abandonnée pour faire place à l'odieuse traite du bois d'ébène » (traite des noirs).

Les Anglais ne parurent pas se préoccuper des mines du haut pays, pendant que la colonie fut occupée par eux. Car il n'est trace nulle part d'aucune tentative d'exploitation. Et quand la colonie fut par eux évacuée, la compagnie de Galam obtint le monopole du commerce du Haut Sénégal et voulut établir des ateliers de lavage près de Kéniéba.

Il ne fut pas donné suite à cette idée à cause de la période troublée que traversait le pays.

La mission hydrographique de 1843 attira l'attention du gouvernement sur ces mines, mais rien ne fut fait jusqu'en 1858.

Le 28 juillet 1858, Faidherbe occupait Kéniéba et Maritz, alors capitaine du génie, installait un fort et des magasins. Mais, d'une part, la maladie frappait chaque jour la petite garnison, et, d'autre part, des procédés imparfaits donnant un rendement inférieur aux dépenses nécessitées par l'entreprise, la tentative fut abandonnée.

Ce n'est que vers 1880 qu'elle fut reprise par la maison Marc Merle neveu et Robert. On lui accorda un permis gratuit d'exploitation pour cinq ans dans la partie du Sénégal comprise entre Matam et les cataractes du Félou, dans le cours entier de la

Falémé, dans la partie du Guoy annexée, sur le territoire de Bakel et de la concession de Kéniéba, avec jouissance du poste et du territoire de N'Gangan, qui en est le port.

Une mission d'ingénieurs fut envoyée sur les lieux, et la présence de l'or ayant été constatée en divers endroits, des extracteurs Bazin furent envoyés de France.

Cet outillage subit des avaries qui nécessitèrent de fortes réparations; mais en même temps les crédits s'épuisaient et les travaux furent arrêtés pour ne pas être repris.

On ne connaît donc aucun résultat sérieux des essais faits jusqu'ici.

D'après Maritz, 100 kilogrammes de terre ont donné au premier lavage, le seul auquel procèdent les indigènes, 117 grammes; puis les terres rejetées ont été pilées et repilées dans un mortier en bois jusqu'à 4 fois. A la dernière opération, on a trouvé $1^{kr},300$; en y ajoutant les 117 grammes du premier lavage, cela donne $1^{kt},447$ pour 100 k. de terre.

Le procédé de lavage qu'emploie l'indigène consiste à mêler d'eau les terres recueillies dans des calebasses qu'on agite en tous les sens. Les parties légères montent à la surface et sont rejetées jusqu'à ce qu'il ne reste plus au fond du récipient qu'un sable noirci par l'oxyde de fer et parmi lequel on distingue des paillettes.

Avec des procédés moins rudimentaires, il est incontestable que le rendement serait considérablement augmenté.

Dans le Bambouk, M. Lamartiny, ancien maire de Rufisque, qui a publié sur le Bambouk et le Boundou une très intéressante étude, fruit d'observations recueillies pendant un séjour de 3 années pour le compte de la maison Merle et Robert, a reconnu un certain nombre de mines : 1° celle du Kamanan; 2° celles du Tambaoura et Sola, celle de Diagala et enfin celles de Mamakano et Sinikana, ces dernières signalées par M. Eckmann, un des compagnons de Lamartiny.

Mais, de l'avis de tous ceux qui, dans ces derniers temps, ont exploré le Bambouk, ce serait sur les mines de Tambaoura que devraient se porter les efforts.

A noter aussi les bancs de sables aurifères qui, pendant la saison des pluies, descendent les montagnes du Bambouk et du Fouta Djalon, et forment des amas profonds au pied des roches qui barrent le lit de la Falémé.

Des gisements de mercure sont signalés à Senoudebou et à Faramana, où M. Borre, ingénieur des mines, en a recueilli une certaine quantité à son passage à Faramana, en 1881.

D'après les études faites à l'école des mines, par MM. les ingénieurs Daubré et Carnot, l'argent se trouve mêlé à l'or des minerais du Haut-Bambouk.

Dans le Bambouk et surtout dans le Boundou, existe le cuivre, qui se trouve en lames et en rognons dans les terrains sédimentaires (Dr Berg). A côté de l'or, on rencontre des arséniates de fer et de cuivre.

Nous trouvons dans « La France dans l'Afrique Occidentale » Sénégal et Niger, 1879-1883, publié par le ministère de la marine et des colonies, que le Haut-Sénégal et le Haut-Niger, notamment le Ouasoulou, le Sankara, le Bambouk et le Bouré sont connu puis longtemps comme pays aurifères. L'abondance des mines du Bouré est incontestable et le général Borgnis Desbordes estime que 1,000 travailleurs obtiennent, par des procédés rudimentaires que nous connaissons, 45 à 50 mille gros par an, soit 200,000 fr. dans le pays et 500,000 fr. en France. La durée du travail est celle de la saison sèche, soit six mois. Un mineur heureux peut se faire 3 à 4 gros par semaine ; mais en réalité la moyenne ne dépasse guère un grain par jour, soit 1 gros tous les 4 jours.

Mais le minerai le plus important comme quantité est le fer. Il constitue, pour ainsi dire, le sous-sol du Haut-Sénégal. Les gisements se trouvent sur les bords du Bakhoy dans le Fouladougou, le Bélédounou, le Manding, etc., etc... Ce minerai, nous dit le général Desbordes, est exploité par les indigènes de la caste des forgerons. Il est travaillé dans des fourneaux en terre à peu près cylindriques, élargis vers le milieu, hauts de 3 mètres environ sur un mètre de circonférence. Des ouvertures sont pratiquées à la base et à fleur de tête. On y adapte des soufflets mus à la main. L'une des ouvertures plus grande que les autres, fermée au commencement de l'opération, communique avec une excavation empisée où aboutira la coulée future. Lorsqu'il s'agit de préparer une certaine quantité de fer, tous les forgerons du village se mettent à l'œuvre en même temps. On fait une fête; la coulée est arrosée à l'avance de dolo, et les ouvriers, excités par de copieuses libations, empilent par couches superposées le minerai et le charbon. Le feu est allumé, les cris et les chants redoublent et tout le monde se met aux soufflets jusqu'à ce que le métal soit obtenu.

Mais si abondant que soit ce minerai, en raison des difficultés de transport, il ne peut pas devenir pour le moment une matière d'exportation.

Dans la notice agricole, industrielle et commerciale, publiée tout récemment par le capitaine Bailleu et par ordre de M. le général Trentinian, lieutenant gouverneur du Soudan, nous relevons que le sous-sol, n'ayant jamais été étudié d'une manière méthodique, les dépôts les plus abondants à la surface sont les seuls qui soient connus et la découverte en revient aux indigènes. De ce nombre l'or, le fer et le cuivre sont à signaler.

Le cuivre n'est pas exploité; la pierre calcaire si nécessaire et qu'on croyait introuvable a été signalée par un ingénieur civil aux portes de Kayes, et les bancs sont en pleine exploitation.

Les gisements d'or du Soudan ne sont connus que dans le vaste affaissement où s'est formé le bassin de la Falémé et dans la vallée d'érosion où coule le Tankiso moyen. L'or de la Falémé, vulgairement appelé or du Bambouk ou or de galam, s'y rencontre partout en grains dans les terrains d'alluvion, où, d'ailleurs, les indigènes font leur exploitation. L'or du Bouré est disséminé sur un grand espace et se rencontre souvent à l'état de paillettes dans une gangue quartzeuse ; il diffère donc de celui de la Falémé. Il est également plus jaune, plus pur et plus estimé.

On n'a aucun document officiel sur la teneur des terrains aurifères. L'argent est rare, le cuivre a été signalé par le D$^r$ Collin dans un marigot des environs de Bafoulabé. Le sulfure d'antimoine qui a été signalé à Bakel est de grand usage dans le pays pour la teinture des yeux et des lèvres. On n'a sur son origine que des renseignements vagues. Les noirs l'appellent pierre de Dienné, ce qui semblerait prouver qu'il en existe un gisement important aux environs de cette ville. Le fer est très commun. Des bandes calcaires ont été trouvées au Fouta, montagne au sud de Kayes, à Dinguira entre Kayes et Bafoulabé, dans le nord de Badounbé.

L'argile est très répandue. Enfin les terres à poterie se trouvent en plusieurs endroits et de couleurs différentes.

Dans le bas Sénégal, il résulte d'un rapport de M. Paul Étienne, ingénieur des ponts et chaussées, sur la nature des terrains traversés par le chemin de fer de Dakar Saint-Louis, que l'on remarque sur la côte un affleurement rocheux situé le long de la mer, à 60 kilomètres environ au sud de Rufisque. Dans l'analyse chimique à laquelle on s'est livré, on s'est trouvé en présence de calcaires phosphatés, et le pourcentage d'acide phosphorique a permis de comparer la richesse du gisement signalé à celle des nodules exploités dans les Ardennes. Des recherches ont été dirigées sur ce point ; mais les résultats nous sont inconnus.

Enfin, près de Saint-Louis, indique le même rapport, on trouve un dépôt considérable de coquilles à Toumtounlit. Il est formé de coquilles diverses d'huître et de vertèbres de poisson à peine cimentées.

Nous ignorons les résultats obtenus par les divers particuliers auxquels l'Administration a accordé des permis de recherches ; ces résultats paraissent nuls pour le moment et nous nous bornons à indiquer ci-après les noms des personnes ou des sociétés qui ont obtenu des permis de recherches ainsi que des permis d'exploitation :

MM. Devès et Chaumet, Pointe-Sarène, 16.800 h., permis de recherches ;

Emile Brewer, négociant à Paris, Satadougou, 400 h., permis de recherches ;

E. Viard, explorateur (M. Viard a cédé ses droits sur le dit permis de recherches à la société anonyme « la Colonisation française », 51, rue Vivienne, à Paris), Mamakono (Bélédougou), terrain portant le nom local de Kouniakoto, 100 h., permis de recherches ;

Emile Brewer, Satadougou, 400 h., en instance de permis d'exploitation minière ;

Emile Brewer, Niamia, 400 h., en instance de permis d'exploitation minière ;

Henri Vidal, Bontoux, près Bakel, 900 h., en instance de permis de recherches minières ;

Gaillard (Octave-Joseph), domicilié à Paris, 5, rue Feydeau, Bélédougou à environ 8 k. Nord-Est de Mamakono, 400 h., en instance de permis de recherches minières.

# NOTICE GÉNÉRALE SUR LES TERRITOIRES DU HAUT-SÉNÉGAL ET DU MOYEN-NIGER

### RATTACHÉS A LA COLONIE DU SÉNÉGAL ET SUR LES TERRITOIRES MILITAIRES

#### ORGANISATION ADMINISTRATIVE

Les territoires du Haut-Sénégal et du Moyen-Niger ainsi que les territoires militaires faisaient autrefois partie de l'ancienne colonie du Soudan Français qui s'étendait entre les parallèles 8 et 17.30 de latitude nord et entre les méridiens 0.20 de longitude est et 14.20 de longitude ouest, sur une superficie approximative de 832.000 kilomètres carrés, avec une population de 4.000.000 d'habitants environ.

Mais cette colonie a été supprimée par le décret du 17 octobre 1899, portant réorganisation du gouvernement général de l'Afrique occidentale française, et les diverses possessions qui la composaient ont été réparties entre les colonies de la côte occidentale d'Afrique, limitrophes du Soudan.

Au Sénégal ont été attribués les cercles de Kayes, de Bafoulabé, de Kita, de Satadougou, de Bammako, de Ségou, de Djenné, de Nioro, de Goumbou, de Sokolo et de Bougouni.

A la Guinée Française, les cercles de Dinguiray, Siguiri, Kouroussa, Kankan, Kissidougou et Beyla.

A la Côte d'Ivoire, les cercles ou résidences de Odjenné, Kong et Bouna.

Au Dahomey, les cantons de Kouala ou Nebba au sud de Liptako et le territoire de Say comprenant les cantons de Djennaré, Diongoré, Folmongani et Botou.

Les autres possessions du Soudan français ont été constituées en deux territoires militaires comprenant : le premier, les cercles et résidences de la région nord et nord-est savoir : Tombouctou, Jumpi, Goundam, Bandiagara, Dori et Ouahigouya ; le second, les cercles et résidences de la région Volta, savoir : San, Ouagadougou, Leo, Kori, Sikasso, Bobo, Dioulasso et Dyebougou. Ces territoires, géographiquement indépendants chacun dans ses limites, sont administrativement rattachés au Sénégal. Financièrement ils sont réunis aux cercles attribués au Sénégal et dont l'énumération a été donnée plus haut ; ils confondent avec eux leurs recettes et leurs dépenses en un budget unique et autonome.

Grâce à cette réorganisation, le groupement artificiel et provisoire que des considérations momentanées d'ordre politique avaient nécessité, sous le nom de Soudan, a cessé d'exister et, par un remaniement rationnel et durable des circonscriptions de l'intérieur, nos colonies côtières de l'Afrique Occidentale ont pris une extension territoriale qui ne peut que favoriser leur développement et accroître leur prospérité.

La disparition de la colonie du Soudan a entraîné la suppression du lieutenant gouverneur qui en avait la direction.

C'est du gouverneur général de l'Afrique occidentale française que relèvent aujourd'hui exclusivement les territoires du Haut-Sénégal et du Moyen-Niger et les territoires militaires rattachés au Sénégal.

Ces territoires ont conservé un budget autonome qui est arrêté, en conseil privé, par le gouverneur général de l'Afrique occidentale française.

Le gouverneur général est représenté à Kayes par un délégué qui est chargé, sous sa haute direction, des divers détails de l'administration locale.

Les services militaires sont confiés au commandant supérieur des troupes de l'Afrique occidentale qui siège à Saint-Louis et qui exerce son autorité selon les instructions qu'il reçoit du gouverneur général.

### DESCRIPTION GÉNÉRALE

Les territoires du Haut-Sénégal et du moyen Niger et les territoires militaires sont compris entre les parallèles de 9°,20' et 17°,30' de latitude nord, entre les méridiens de 0°,20' de longitude est et de 14°,20' de longitude ouest. Ils occupent une superficie approximative de 832,000 kilomètres carrés (environ une fois et demie la superficie de la France.

Ils sont constitués par les bassins du Haut-Sénégal (Bafing et Bakoy), du Niger jusqu'à Say, de la Haute-Volta, de la Haute-Comoë.

Ces rivières présentent toutes un caractère commun; leur lit est formé d'une série de biefs séparés par des seuils, parfois totalement infranchissables, parfois dangereux seulement aux basses eaux. En outre, leur débit est des plus variables : la saison des pluies les transforme en fleuves puissants; mais leur niveau baisse rapidement, et il n'est pas rare de noter entre les hautes eaux et l'étiage des différences de 10 à 12 mètres.

D'une manière générale, le pays est composé de plateaux et de plaines. Cependant, dans sa partie méridionale, le sol se relève, et bien que les montagnes ainsi formées n'atteignent jamais une grande altitude (point culminant au Kousou Koukiliba, au sud-ouest de Kissidougou, 1300 mètres); leurs coupures abruptes, leurs ravins étroits et sinueux, leur enchevêtrement en font des

obstacles très sérieux à la viabilité. Ces montagnes envoient vers
le Nord des prolongements qui séparent les vallées de la Falémé,
du Sénégal, du Niger, de la Volta, chaînes de partage peu élevées,
mais également taillées en falaises, et en maint endroit, difficiles
à franchir.

Cet immense territoire n'est habité que par une maigre population, qu'on évalue à environ 3,390,000 habitants, ce qui donne
à peu près 4 habitants par kilomètre carré. Pour comprendre la
faiblesse d'un pareil chiffre, il suffit de réfléchir que, si haut que
nous remontions dans l'histoire du pays, nous n'y trouvons
qu'invasions, guerres, luttes intestines. L'anarchie politique ou-
vrant aux ambitions individuelles une libre carrière, l'instinct
batailleur du noir, l'amour du lucre excité par la perspective de
fructueuses ventes d'esclaves ont transformé, pendant plusieurs
siècles, le bassin du Niger en un champ clos où les populations
passaient leur temps à s'entr'égorger ou à se piller mutuellement,
au profit des marchés de captifs du Maroc, de la Tripolitaine, de
la côte de Guinée.

Quel chiffre d'habitants ce territoire pourrait-il nourrir? La
question est importante pour l'avenir de la colonie, tant comme
débouché du commerce métropolitain que comme producteur de
matières premières. Assurément jamais la population n'y atteindra une densité comparable à celle des pays européens : l'eau y
est trop inégalement répartie, trop rare dans certaines régions.
Mais si l'on considère que toute la contrée au sud du 12e degré
est bien arrosée, que d'autre part, dans certains territoires qui
ont échappé, en partie, à la domination dévastatrice des Toucouleurs, au Mossi, par exemple, on trouve, avec des conditions de
sol et d'irrigation tout à fait moyennes, près de 15 habitants
par kilomètre carré, on peut penser que la population atteindra
facilement et assez rapidement un total de 12 à 15 millions d'habitants. Ce chiffre, nous devons le reconnaître, n'a rien d'éblouis-
sant : il représente une moyenne de 14 à 16 habitants au kilo-

mètre carré ; mais cette population se répartira certainement, de façon à répondre aux besoins de la mise en valeur ; dense là où la terre sera riche et l'eau abondante, c'est-à-dire précisément là où se porteront les efforts de la colonisation, réclamant une main-d'œuvre nombreuse, clairsemée ailleurs. Bien des pays de culture florissants (la colonie du Cap, le Transvaal, la République Argentine) sont loin d'avoir 10 habitants par kilomètre carré. Avec les qualités prolifiques de la race noire, nous pensons qu'il ne faudra pas plus d'un siècle pour amener le chiffre de la population indigène au triple de sa valeur actuelle.

En même temps que la population indigène ira croissant, elle gagnera en unité : actuellement, son faible effectif est divisé en une infinité de familles, tribus ou races, différant les unes des autres par la religion, les coutumes, la langue, les aptitudes naturelles, etc. Cette diversité présente, au point de vue de l'administration et du commandement, de sérieux inconvénients, qu'il y aura avantage à voir s'atténuer. Nous donnons ci-dessous le tableau des races les plus importantes :

|  |  |  |
|---|---|---|
| **RACE NOIRE** | *Races primitives autochtones*<br>N'existent plus qu'à l'état de débris épars dans la boucle du Niger (Senonfos, Bobos, Mboings, peuplades du Kissi, du Lobi, du Kipirsi, du Mossi, du Gourounsi, etc.). | Eléments les plus sauvages, les plus difficilement assimilables, qui rendront vraisemblablement le moins de services à la colonisation. |
|  | *Race Mandé.* (Principales familles). { Bambaras.<br>Malinkés.<br>Sousous.<br>Mandé-Dioulas.<br>Soui-ukés. | Représentent la grande masse de la population indigène. Il y a entre les caractères des 5 grandes familles des différences assez notables. Ainsi, les Bambaras sont plus travailleurs, bons cultivateurs ; les Mandé-Dioulas se distinguent surtout par leurs aptitudes au commerce, les Malinkés sont généralement mous et indolents. Cependant ce sont les noirs des différentes familles Mandé qui fournissent le plus gros appoint à la colonisation. |
|  | *Race Sourhay ou Songhay.* | Peu nombreuse ; ne se trouve plus guère que dans le nord-est de la boucle du Niger, bien que la langue sourhay soit assez répandue de Dienné à Say. Race pacifique de bons cultivateurs. |

| | | |
|---|---|---|
| **RACE PEULHE** | (On la classe parfois parmi les races blanches ; mais, à vrai dire, elle n'est ni noire ni blanche ; ses représentants ont un teint brun rougeâtre). | Constitue des groupements importants dans différentes parties du Soudan, notamment dans le nord de la boucle du Niger et au Fouta-Djallon. Les meilleurs cultivateurs et pasteurs du pays. |
| **RACE BLANCHE** | *Race berbère.* <br><br> *Race arabe.* | Ne sont représentées que dans le nord La race berbère comprend les Maures et les Touaregs ; la race arabe quelques tribus aux environs de Tombouctou. Populations nomades pour la plupart, paraissent peu susceptibles de contribuer à la mise en valeur du pays. |
| **RACES MÉTISSES** | Toucouleurs. <br><br><br> Autres métis. | Les Toucouleurs, aujourd'hui répandus dans toute la haute région, ont eu leur origine dans le Foutah sénégalais, où ils sont issus du croisement des familles ouoloffs ou mandés avec des Foulbès (pluriel de peulh) émigrés du nord. Partant de là, les Toucouleurs ont, en un siècle, conquis, ravagé, dévasté la presque totalité du pays. Aujourd'hui, on les trouve dispersés un peu partout. Intelligents, assez actifs et industrieux, mais pleins de morgue, intrigants, sournois, difficiles à commander. <br> Les autres familles de métis sont nombreuses, mais peu importantes. Tels sont les Pourognes (métis de Maures et de noirs), les Kassonkès, Ouassoulonkés, etc. |

La faune du Haut-Sénégal et du Niger comprend, comme animaux domestiques, le bœuf ordinaire ou à bosse, le mouton (très abondant, mais le plus souvent dépourvu de laine), la chèvre, l'âne à peu près partout, le cheval (presque exclusivement dans la partie nord), toutes espèces de volatiles (poulets, pintades, canards). Les animaux sauvages sont l'hippopotame, le lion, la panthère, l'éléphant, le sanglier, le coba, la gazelle, etc.

Nous parlerons de la flore plus loin en étudiant les productions du pays. Mentionnons seulement maintenant les principaux arbres fruitiers, qui contribuent à agrémenter l'alimentation de l'européen immigrant. Ce sont le manguier, le goyavier, le papayer, le bananier, l'oranger et le citronnier. On ne les rencontre véritablement en abondance que dans le sud de la colonie.

Le climat comporte deux saisons distinctes : saison des pluies et saison sèche. L'importance de la première, tant comme durée

que comme abondance des pluies, varie considérablement avec la
latitude ; dans l'extrême sud, elle dure plus de six mois, de mai à
octobre, avec des pluies persistantes de plusieurs jours ; à la latitude de Bamako, 3 à 4 mois seulement (juin à septembre) et
la pluie vient surtout sous forme d'orages très violents mais peu
prolongés ; à Tombouctou, il ne tombe guère qu'une vingtaine
d'orages par an répartis entre juillet, août et septembre. Dans
toute la contrée, la meilleure saison pour les Européens est en
décembre-janvier ; l'air est frais et les dégagements paludéens de
la saison des pluies ne sont plus à craindre. La saison des grandes
chaleurs est en avril et mai. En mai, le thermomètre monte
parfois à 45° (à l'ombre, mais à l'air extérieur, ce qui permet de
maintenir dans l'intérieur des maisons une température de 33° à
35°) ; en janvier, il ne descend guère au-dessous de +10° et cela
seulement dans la région de Tombouctou qui participe du climat
saharien.

### SITUATION ÉCONOMIQUE

Nos possessions du Haut-Sénégal et du Moyen Niger, avons-
nous dit, couvrent une superficie égale à une fois et demie celle
de la France. Que produisent actuellement, que produiront dans
l'avenir ces vastes territoires ?

Pour le présent, les chiffres des tableaux suivants nous rensei-
gnent.

| Valeur totale des exportations (*numéraire déduit*) | 1896 | 1897 | 1898 | 1899 |
|---|---|---|---|---|
| | 2.234.306 fr. | 4.106 633 fr. | 3.646.609 fr. | 4.341.709 fr. |

PRODUITS D'EXPORTATION

Dans ces totaux, les produits exportés à destination d'Europe
entrent pour les sommes et quantités suivantes (1) :

| ANNÉES | GOMME | | CAOUTCHOUC | | OR | | IVOIRE | |
|---|---|---|---|---|---|---|---|---|
| | QUANTITÉ | VALEUR | QUANTITÉ | VALEUR | QUANTITÉ | VALEUR | QUANTITÉ | VALEUR |
| | Tonnes | Francs | Kilogr. | Francs | Kilogr. | Francs | Kilogr. | Francs |
| 1896 | 672 | 604.800 | 105.930 | 186.340 | 47 | 96.203 | 2.170 | 13.751 |
| 1897 | 1.749 | 1.713.182 | 121.947 | 297.922 | 92 | 276.000 | 3.125 | 25.000 |
| 1898 | 1.960 | 1.371.922 | 199.956 | 532.536 | 96 | 288.763 | 4.693 | 43.188 |
| 1899 | 2.325 | 1.401.416 | 390.000 | 975.770 | 86 | 215.018 | 3.534 | 32.355 |

Examinons d'abord ce qui concerne ces quatre produits.

La gomme est de beaucoup le plus anciennement connu ; dès
le siècle dernier, les traitants européens, dans leurs comptoirs du
bas Sénégal, échangeaient leurs pièces de guinée contre les gommes apportées par les Maures de la rive droite du fleuve. En 1854,
les Français fondaient un poste à Médine, et bientôt le commerce
de la gomme prit dans cette escale un développement considérable
qu'il a conservé depuis.

La gomme n'est autre chose que la résine desséchée de certains
arbres. Ici, elle se recueille sur différentes variétés d'acacias (principalement l'acacia vérek). L'industrie des tissus en fait la plus
grosse consommation ; on l'emploie pour donner l'apprêt aux
étoffes. On s'en sert encore en pharmacie, en confiserie, pour la
préparation de la colle, etc.

Dans le commerce, on distingue différentes qualités de gomme ;

(1) Ces évaluations s'appliquent à l'ensemble des territoires qui constituent l'ancienne colonie du Soudan. Elles sont simplement approximatives pour 1899.

on les classe d'après leur degré de dureté (gomme friable et gomme dure, la première de valeur très inférieure à la deuxième), leur couleur (gomme blanche, blonde, brune), leur origine (gomme de Galam, gomme de Tombouctou). Le triage des différentes qualités de gomme s'opère non pas au Soudan, mais en France, au port d'arrivée (Bordeaux, Marseille).

La récolte de la gomme a lieu en deux fois : une première récolte en novembre produit la gomme blanche ; une deuxième, de mars à mai, donne les différentes variétés blonde, verte, résine. Les gros arrivages de gomme à Médine se produisent en mai, juin.

Les caravanes maures venant du Sahel passent à Nioro avant de se rendre à Médine. Déjà dans cette première localité se négocient d'importantes affaires de gomme. Presque tous les gros traitants de Médine y sont représentés. Cependant, grâce à sa situation privilégiée, desservie par le fleuve et le chemin de fer, Médine reste et restera probablement le gros marché des gommes.

Les maisons européennes y sont peu nombreuses ; le commerce de la gomme se trouve presque entièrement concentré entre les mains de quelques gros traitants indigènes. Ceux-ci procèdent surtout par voie d'échange, payant la gomme avec des produits manufacturés d'importation (surtout avec des tissus, avec de la guinée).

On voit par le tableau qui précède que les quantités de gomme exportées annuellement sont allées en croissant régulièrement depuis 1896. La valeur seule a diminué, ce produit ayant considérablement baissé de prix par suite de la concurrence que lui fait aujourd'hui le Soudan égyptien. Ces quantités pourraient d'ailleurs, semble-t-il, s'accroître encore considérablement : il s'en faut de beaucoup que tous les acacias existants soit exploités.

Actuellement la gomme de Galam vaut à Médine 60 fr. les 100 kilogs, la gomme de Tombouctou, 80 fr. Les gommes du Haut-Sénégal sont exemptes de droits à l'exportation de la colonie ainsi qu'à l'entrée en France. Le prix de vente moyen en France est de 100 fr. les 100 kilogr.

Dès avant notre occupation, le caoutchouc faisait l'objet d'un petit trafic entre la côte de Guinée et les régions du Haut-Niger. Mais c'est seulement en 1895 que, maîtres de ces régions, nous avons pu nous préoccuper de développer l'exploitation de ce produit si riche et si abondant.

Le caoutchouc s'obtient par la coagulation du suc (latex) qui découle de certains arbres lorsqu'on en incise l'écorce. L'arbre à caoutchouc du pays est une liane (Landolphia Hendelotii), qui croît spontanément dans certains terrains ferrugineux souvent défavorables à toute autre végétation. Son aire géographique ne s'étend guère au nord du 13ᵉ degré, ni au sud du 9ᵉ. Les parties où on le rencontre en plus grande abondance sont les cercles de Bougouni, Sikasso, Bobo, Dioulasso, et Koutiala.

Jusqu'en 1899, les Européens établis dans ces contrées ne se sont guère occupés du caoutchouc que pour en faire le commerce. Ils laissaient aux indigènes le soin de le récolter et de l'apporter sur les principaux marchés. On comprend que dans de pareilles conditions, étant données d'une part la paresse habituelle des noirs, d'autre part la maigre densité de la population dans les régions caoutchouquifères (1,5 à 2 habitants par kilomètre carré), une très faible partie des lianes existantes aient été exploitées, malgré leur abondance.

Mais, dès que le régime des concessions entrera en vigueur, sous l'impulsion de nos nombreux colons, possesseurs de vastes territoires riches en lianes, nous pouvons espérer que l'exploitation du caoutchouc ira croissant rapidement. En outre, intéressés à ménager leur propre bien, ils s'attacheront à multiplier la liane, à introduire des essences à latex nouvelles. Le caoutchouc doit, sans aucun doute, constituer l'un des principaux éléments de richesse.

La récolte a lieu dans la saison sèche (novembre à juillet). Les indigènes l'opèrent indistinctement à n'importe quel moment de cette longue période. Cependant un savant botaniste, M. Chevalier, qui a étudié spécialement la Landolphia Hendelotii, assure qu'il y a deux époques de l'année particulièrement favorables, le moment de la floraison (de novembre à février inclus), et la période de maturité des fruits (de mai à juillet inclus).

Les noirs recueillent habituellement le caoutchouc sous forme de boules rondes, pesant une centaine de grammes chacune. Il est prudent pour l'acheteur d'ouvrir ces boules pour s'assurer que l'indigène n'a pas dissimulé à l'intérieur des matières étrangères destinées à en augmenter le volume et le poids.

Le caoutchouc indigène vaut en moyenne 3 fr. 65 le kilogramme à Siguiri, 5 francs à Konakry, 4 fr. 84 à Kayes. Il atteint sur les marchés d'Europe un prix qui varie de 7 à 10 francs suivant la qualité et suivant le cours du jour. Le cours du caoutchouc qui, actuellement, s'établit à Liverpool et Anvers, est sujet à des variations très considérables. Depuis quelque temps, le gouvernement français s'efforce de créer à Marseille et Bordeaux, des marchés de caoutchouc, de manière à nous rendre indépendants de l'étranger; tous les producteurs français doivent souhaiter que ces efforts aboutissent et les seconder de leur mieux. Le prix de 10 francs le kilog a été atteint à Bordeaux le 30 juin 1899 à une époque où les cours du caoutchouc venaient de subir une forte baisse; c'est-à-dire que lorsqu'il est recueilli méthodiquement, avec soin, le caoutchouc indigène peut lutter contre les meilleurs produits du Congo et du Brésil.

Le caoutchouc acquitte à la sortie du Sénégal un droit de douane de 5 o/o ad valorem (soit o fr. 20 par kilog au prix de la mercuriale actuelle). Il est exempt de droits à son entrée en France. Actuellement, le nombre des maisons de commerce européennes s'occupant d'affaires de caoutchouc est de onze. Quelques-unes procèdent encore par échange avec les indigènes, mais dans les régions où le caoutchouc est exploité, ceux-ci connaissent et commencent à préférer en général le payement en argent monnayé.

*Or.* — La région du Haut-Sénégal et du Niger possède des terrains aurifères, exploités depuis longtemps par les indigènes. Les plus anciennement connus sont ceux du Bambouk, compris entre la Falémé, affluent de gauche du Sénégal et les montagnes qui séparent cette rivière du Bafing et du Sénégal lui-même. Dès le XIVᵉ siècle, dit-on, les Portugais auraient occupé Farabana et découvert aux environs de riches gisements. Au commencement du XVIIIᵉ siècle, le P. Labat, dans son récit du voyage de Compagnon, appelait le Bambouk le Pérou de l'Afrique. En 1858. le général Faidherbe fit entreprendre un commencement d'exploitation qui ne réussit pas. Enfin, en 1878, des prospecteurs français passèrent avec les almamys chefs du pays des traités les autorisant à exploiter les sables aurifères de la Falémé. Dès lors, un certain nombre d'explorateurs parcoururent le Bambouk à la recherche de l'Eldorado. Leurs espérances, nous devons l'avouer, furent déçues : ils constatèrent que sur un grand nombre de points, depuis Satadougou jusqu'à l'embouchure de la Falémé, les noirs se livraient à l'orpaillage par les moyens les plus grossiers (simple battage à la main, la calebasse tenant lieu de l'appareil désigné en Amérique sous le nom de pan) et en retiraient un léger profit. Mais nulle part, ils ne rencontrèrent ce qu'ils cherchaient, le placer assez riche pour rémunérer une exploitation industrielle en grand. Est-ce à dire que ce placer n'existe pas ? rien ne permet de l'affirmer. La plupart des explorateurs dont nous venons de parler manquaient de connaissances techniques et d'expérience ; ils se contentèrent de s'établir à côté des indigènes et de laver, par des procédés analogues à ceux de ces derniers, les mêmes alluvions. Or, les alluvions superficielles récentes sont incontestablement pauvres ; ce n'est qu'exceptionnellement qu'elles rendent plus de 6 grammes à la tonne. Pour rencontrer le gisement riche, il faudrait soit rechercher les filons quartzeux qui affleurent en quelques points, soit atteindre par des sondages les schistes métamorphisés ou les alluvions anciennes. Jusqu'en 1899, aucun industriel n'avait entrepris de travail de ce genre. Mais, dans le courant de cette même année, 3 sociétés minières, disposant de capitaux suffisants, ont obtenu des concessions dans le Bambouk. Elles viennent de se mettre à l'œuvre ; on peut espérer que le succès couronnera leurs efforts.

Entre le Niger et le Bakoy (Haut-Sénégal), le canton de Bouré renferme également des gisements d'alluvions aurifères exploités par les indigènes. Pas plus que dans le Bambouk, on n'est fixé sur la valeur réelle des richesses minérales existantes. Un certain nombre de permis d'exploitation ont été accordés à des Européens dans cette région en 1899. Leurs travaux nous renseigneront prochainement à cet égard.

Enfin, les indigènes du Lobi (pays au sud-est de Bobo-Dioulasso) et du Kipirsi (à l'est de Ouagadougou) pratiquent également l'orpaillage. Mais l'état politique de ces régions n'a pas encore permis l'exploration méthodique. Il serait téméraire de rien affirmer au sujet de la richesse des placers qu'elles renferment.

L'or extrait par les indigènes des terrains alluvionnaires est en général très ténu ; pour en faire le commerce, les noirs le fondent fréquemment en anneaux d'un poids variant de 100 à 400 gram. C'est une pratique heureuse, mais dont parfois les forgerons indigènes profitent pour se livrer à la fraude, en fabriquant des alliages de cuivre.

L'or brut paye à l'entrée en France un droit de 10 fr. par 100 kilogs.

La concession et l'exploitation des mines sont régies par le décret du 6 juillet 1899 (*Journal Officiel* du 29 juillet). Celui-ci distingue suivant la nature des travaux à accomplir, exploration, recherche, exploitation, trois catégories de permis accordés par le chef de la colonie. Le premier, valable pour deux ans, peut englober jusqu'à 50,000 hectares de superficie, il est octroyé, moyennant un versement de o fr. 05 par hectare ; le deuxième — permis de recherches — valable également pour deux ans, et renouvelable, embrasse des terrains de 5 kilomètres de rayon au plus : l'obtention coûte o fr. 10 par hectare pour les premiers mille hectares, o fr. 20 par hectare de 2,000 à 5,000 hectares, o fr. 40 par hectare au-dessus. Enfin le permis d'exploitation (durée 25 ans, renouvelable) porte sur des terrains de 24 hectares au moins, 800 au plus, à raison de 2 fr. par hectare.

*Ivoire.* — De l'ivoire, nous n'avons pas grand chose à dire. Les régions où les éléphants vivent encore en grandes bandes sont les territoires au nord de la Côte d'Ivoire (entre Bougouni et Touba) et le nord-est de la boucle du Niger. Les éléphants n'y atteignent pas la taille de ceux d'Asie, cependant, on trouve assez fréquemment des défenses pesant 40 à 50 kgs chacune ; dernièrement même, il nous a été donné de voir une paire pesant 180 kilogr. L'ivoire est exempt de droits à l'importation en France.

Les quatre produits que nous venons d'étudier sont-ils les seuls qui puissent être exportés en Europe ? Assurément non. Nous allons rapidement examiner ceux dont le commerce paraît appelé à un développement.

*Coton.* — Le plus important est le coton. Ce textile qui a fait la richesse de la basse Egypte, du sud des Etats-Unis, d'une partie de l'Inde, on le rencontre dans toute la haute région, de Touba au sud, jusqu'à Goundam, de Kayes à l'ouest jusqu'au Mossi. Croissant presque spontanément, tout au moins avec les procédés de culture les plus rudimentaires, il ne saurait naturellement rivaliser à l'heure actuelle avec les variétés des pays que nous venons de citer. Mais nul n'ignore combien la qualité du coton s'améliore par la culture. Au lieu de jeter à l'aventure dans un sol non travaillé des graines quelconques, de laisser la plante croître à son gré au milieu des mauvaises herbes, les capsules traîner sur le sol, le soleil griller la fibre, que les indigènes labourent et fument la terre, sélectionnent la semence, espacent méthodiquement les plants, leur donnent, en cours de croissance, les soins nécessaires (binage, écimage) enfin opèrent convenablement la cueillette et le séchage, et l'on verra bien vite le produit s'amender et doubler de valeur. Pour s'en rendre compte, il suffit de constater la différence qui existe entre le coton des cantons Foulbés et celui des cantons Bambaras dans le cercle de Dienné. Les Foulbés, bons agriculteurs, obtiennent avec la même plante et dans le même terrain un produit notablement supérieur à celui des Bambaras.

Tel qu'il se présente actuellement, le coton indigène possède une soie de 27 à 28 mm. de longueur en moyenne, assez nerveuse, et blanche lorsqu'on a eu soin de ne pas la laisser trop longtemps exposée aux rayons brûlants du soleil. Il est coté en France environ 40 fr. (les 50 kgs) ; le prix s'élèvera notablement avec la qualité, laquelle dépend presque exclusivement de la culture. Enfin, certaines variétés étrangères, notamment le « Abassi » (variété d'Egypte) et le « Géorgie » viennent bien dans le pays et pourraient y être acclimatées en grand.

La région la plus favorable à la culture du coton est la vallée du Niger entre Bamako et Goundam. Aussi longtemps que le chemin de fer destiné à relier le grand fleuve avec le Sénégal ne sera pas terminé, on ne pourra songer à faire le commerce de ce produit encombrant et relativement pauvre. Mais en 1905, le rail courra sans interruption de Koulikoro à Kayes, le transport d'une tonne de coton pressé du Niger au Havre ne coûtera plus que 110 à 120 fr. ; l'exportation du coton pourra dès lors devenir une des principales richesses de la contrée, et peut-être un jour rivalisera-t-elle avec le Texas, la Louisiane, la Géorgie, pour la production de ce textile. Inutile d'ajouter que la sortie de la colonie comme l'entrée en France auront lieu en franchise. En attendant, l'administration s'efforce d'encourager les indigènes à développer et améliorer leurs cultures du coton. A cet effet, elle en achète et exporte chaque année une certaine quantité. Les Européens qui viendront en 1905 exploiter ce produit trouveront donc les voies toutes préparées, et leur tâche bien simplifiée.

*Laine.* — A côté du coton, nous devons mentionner un autre textile, la laine, dont la production paraît susceptible de prendre un développement important. Actuellement, les moutons à laine existent seulement sur une faible partie de la colonie, cercles de Ségou, Sokolo, Dienné et Macina. Mais la toison en est belle, et il paraît aisé de multiplier le nombre de ces animaux. En même temps, avec des soins bien entendus, on améliorerait la qualité de leur laine. Dès maintenant, des spécimens de couvertures et tissus indigènes exposés, fabriqués avec les procédés les plus grossiers, permettent d'apprécier le parti que la filature européenne pourrait tirer de ce produit.

*Cuirs et peaux.* — Accessoirement, le commerce des cuirs et peaux pourrait par la suite acquérir une certaine importance. Nous appellerons surtout l'attention des visiteurs sur les peaux d'agneaux noirs du Sahel exposées. Ces peaux qui rappellent un peu l'astrakhan, font de très jolis tapis, et pourraient même servir à doubler des vêtements d'hiver. Elles coûtent à Nioro 1 fr. 50 pièce. Le transport de Nioro en France monterait à environ 60 fr. les 100 kilogs.

*Tabac.* — Certains auteurs affirment que l'Afrique serait le pays d'origine du tabac. L'assertion peut paraître hasardeuse ; mais ce qui est certain, c'est que cette plante vient bien dans toutes les régions cultivées de ce continent au nord de l'équateur. Dans les vallées du Niger, entre Koulikoro et Sansanding, et du Bani, où les noirs en cultivent de vastes champs, l'arbuste se développe avec une admirable vigueur. Le tabac indigène possède un arôme agréable. Faute de soins dans le séchage et la préparation, il ne présente pas les qualités de finesse et de combustibilité recherchées par les fumeurs européens, mais ce n'est là qu'une affaire d'éducation des indigènes à entreprendre. En outre, des essais répétés depuis quelques années ont démontré que les tabacs des Antilles s'acclimatent très bien au Soudan. La culture et l'exportation du tabac paraissent donc appelées à prendre une grande extension.

*Indigo.* — On sait que la France importe annuellement pour 16 millions de francs d'indigo, provenant presque exclusivement des colonies anglaises (de l'Inde). Les colonies françaises d'Afrique pourraient, et devraient alimenter cette consommation de la métropole. L'indigo croît à peu près partout dans le pays. On en distingue deux espèces : l'indigofera tinctoria ordinaire (même espèce que l'indigo de l'Inde) et une variété non encore dénommée, qui se présente sous l'aspect d'une grande liane, pouvant atteindre jusqu'à 20 mètres de longueur, et croissant à l'état sauvage dans les régions situées au sud du 11° de latitude. Cette liane (en bambara et malinké « caraba ») donne en feuilles sèches un rendement annuel très supérieur à celui de l'indigofera tinctoria, et la teinture en est de meilleure qualité.

Outre l'indigo, on trouve un grand nombre de plantes tinctoriales et à tannin. Il paraît douteux, avec les progrès actuels de la chimie industrielle, que ces plantes puissent constituer un article d'exportation. Mais elles seront sans doute dans l'avenir utilisées sur place pour la teinture d'étoffes tissées dans la colonie, ou le tannage des cuirs d'exportation.

*Plumes de parure.* — L'autruche a fait, avant les mines d'or et de diamant, la fortune des Boërs de l'Afrique australe : elle pourrait ici également devenir une source de richesse. Sur la frontière des pays maures et touaregs, dans la région actuelle du Sahel et le nord de la boucle du Niger, l'autruche, sauvage ou domestique, était autrefois un animal commun. La destruction inconsidérée des autruches sauvages par les chasseurs, la négligence des indigènes pour les autruches domestiques à la suite de la baisse de prix déterminée par la concurrence de l'Afrique australe, ont réduit peu à peu l'effectif de ces oiseaux. Cependant, on en rencontre encore en grand nombre dans le Sahel, et surtout dans la boucle du Niger entre Tombouctou et Say; moins belles que celles du Darfour et du Ouadaï, elles seraient, selon certains auteurs, supérieures à celles du Cap. Le peu de valeur des plumes exportées actuellement de cette région vers Tripoli, le Maroc ou les pays haoussas, tient uniquement au manque de soins des noirs pour ces fragiles parures.

A côté de l'autruche, l'aigrette et le marabout abondent dans la vallée du Niger. L'élevage méthodique de la première sous notre direction (l'installation de parcs dans la boucle du Niger paraît devoir être facile et peu coûteuse), la chasse des seconds peuvent servir, dans un avenir prochain, à alimenter un courant d'exportation important. Les plumes de parure sortent de la colonie et entrent en France en franchise de tout droit.

*Cire.* — Le commerce auquel donne lieu, en Europe, la cire d'abeilles, ne dépasse pas des chiffres modestes : cependant il n'est pas négligeable. La France importe annuellement de l'étranger plus de 300 tonnes de ce produit (plus d'un million de francs). La haute région pourrait lui en fournir une partie. Comme pour tous les autres articles, des perfectionnements devraient être introduits dans les procédés de récolte et d'épuration utilisés par les noirs. (Pour n'en citer qu'un exemple, ceux-ci ne savent pas recueillir le miel et les cires sans détruire l'essaim). Mais on y arriverait rapidement et l'exportation de la cire pourrait atteindre alors probablement un chiffre annuel de 30 à 40 tonnes. Droits à la sortie : néant; à l'entrée en France, 8 francs les 100 kilogs.

*Karité.* — Nous ne dirons que quelques mots de la graisse de karité. Ce produit est encore mal connu, et l'on n'est pas fixé sur sa valeur comme article d'exportation. La graisse de karité, ou « beurre de cé », dont les indigènes font un grand usage pour leur alimentation et leur toilette corporelle, s'obtient par le traitement des noix recueillies sur l'arbre du même nom. La préparation telle que la pratiquent les indigènes, longue, compliquée, difficile, ne permet pas d'obtenir la graisse à bon marché ; mais il paraît bien probable que l'industrie européenne saurait l'extraire par des moyens simples et peu coûteux. Cette graisse trouverait son emploi dans la stéarinerie et la savonnerie. L'achat sur place des noix ne dépasserait probablement pas 5 fr. les 100 kilogs. (Actuellement, les noirs n'en font pas le commerce).

*Autres articles d'exportation.* — Nous ne ferons qu'énumérer l'ivoire végétal (noyau du fruit du Raphia vinifera ou du zimini, 2 variétés de palmiers) qui sert à faire les boutons et autres menus objets ; le poivre, récolté dans le sud, d'un parfum agréable ; le manioc (les deux variétés de manioc, amer et doux, existent) dont on extrait l'amidon et le tapioca ; la myrrhe, gomme résineuse produite par un arbre très répandu dans le nord de la boucle du Niger (balsamodendron africanum, albarcante en songhaï) qui remplacerait avantageusement l'encens, le séné, plante médicinale dont la droguerie fait un usage considérable, etc., etc. Enfin, l'élevage du bétail doit, dans un avenir plus ou moins éloigné, devenir un élément de richesse. Actuellement déjà, il en est exporté dans les colonies de la côte une quantité importante ; à mesure que ces colonies, mieux dotées en produits de valeur, favorisées par leur situation géographique, mais dépourvues d'animaux de boucherie, se développeront, elles demanderont aux territoires voisins le bétail dont elles auront besoin. La construction des chemins de fer de pénétration de la Guinée, de la côte d'Ivoire, du Dahomey et des colonies étrangères facilitera cet échange.

Les parties méridionales où l'altitude et la fréquence des pluies compensent le voisinage de l'équateur et s'opposent aux trop fortes chaleurs, paraissent se prêter à deux cultures très rémunératrices, le café et le cacao. Il y existe des forêts assez claires pour pouvoir être aisément défrichées, assez denses pour assurer

aux jeunes plants la protection que réclame leur fragilité. Sans
doute, nos compatriotes trouveront encore là une source de bénéfices. Mais tout est à faire dans cette voie, les deux plantes en
question étant complètement inconnues dans ces régions.

IMPORTATIONS

Les importations se sont élevées dans les dernières années aux
chiffres suivants (1) :

|  | 1896 | 1897 | 1898 | 1899 |
|---|---|---|---|---|
| Marchandises im-portées au compte de l'Etat . . . | 844.473 f. | 1.783 594 f. | 2.699.578 f. | 2.835.135 f. |
| Marchandises im-portées par le commerce . . . | 10.246.422 | 7.855.147 | 8.030.130 | 10.574.787 |
| Totaux. . | 11.090.895 f. | 9.638.741 f. | 10.729.708 f. | 13.409.922 f. |

Le tableau ci-après donne des renseignements utiles sur la provenance des principaux articles importés par le commerce (à
l'exclusion des marchandises importées pour l'Etat) pendant les
deux dernières années (2).

(1-2) Ces évaluations s'appliquent à l'ensemble des territoires qui constituaient l'ancienne colonie du Soudan.
Elles sont simplement approximatives pour 1899.

| ARTICLES IMPORTÉS | ANNÉE 1898 | | ANNÉE 1899 | |
|---|---|---|---|---|
| | Provenant de France et des colonies françaises | Provenant de l'étranger y compris les régions sahariennes | Provenant de France et des colonies françaises | Provenant de l'étranger y compris les régions sahariennes |
| Conserves (de viande, poisson, légumes, fruits) . | 152.003 f. | 6.787 f. | 199.044 f. | 5.000 f. |
| Farines et farineux alimentaires (biscuit, riz, pomme de terre) . . . | 54.214 | | 148.787 | |
| Denrées coloniales (thé, café, poivre, épices, sirops) . | 27.415 | 28.932 | 70.700 | 25.660 |
| Sucre. . . . . | 91.416 | | 95.000 | |
| Tabac. . . . . | 18.741 | 35.458 | 22.500 | 30.255 |
| Boissons (vin, bière, liqueurs). | 206.156 | 11.640 | 349.360 | 17.000 |
| Sel marin . . . | 94.274 | 15.743 | 103.063 | 12.000 |
| Sel gemme. . . | | 2.076.726 | | 2.964.115 |
| Tissus et confections. . . . . | 1.528.660 | 1.854.618 | 1.635.439 | 1.823.745 |
| Fils . . . . . | 65.511 | 67.954 | 87.503 | 150.000 |
| Verroterie . . . | 10.239 | 33.162 | 15.131 | 58.007 |
| Parfumerie, savonnerie . . . | 31.083 | | 45.500 | |
| Coutellerie, quincaillerie. . . . | 174.483 | 45.570 | 185.224 | 56.092 |
| Poudre de traite et de chasse . . | 2.901 | 10.606 | 3.225 | 9.750 |

Deux lignes de chiffres dans le tableau précédent attirent immédiatement l'attention : celles qui se rapportent aux tissus et au sel.

Les tissus importés sont presque exclusivement des étoffes de coton à très bon marché. La guinée bleue y tient la plus large place (1).

(1) Ces évaluations s'appliquent à l'ensemble des territoires qui constituaient l'ancienne colonie du Soudan.
Elles sont simplement approximatives pour 1899.

| | GUINÉES IMPORTÉES | | | |
| | DE FRANCE | DE L'INDE | D'ANGLETERRE | DE BELGIQUE ET HOLLANDE |
|---|---|---|---|---|
| en 1896 | 455.329 f. | 1.010.765 f. | 103.257 f. | 669.512 f. |
| en 1897 | 273.188 | 697.989 | 71.363 | 399.472 |
| en 1898 | 213.253 | 945.380 | 27.975 | 512.615 |
| en 1899 | 250.154 | 934.200 | 23.450 | 525.175 |

Il est affligeant de constater quelle faible part la France prend à ce commerce. Sans doute les guinées de l'Inde, teintes et en partie tissées à Pondichéry, sont françaises. Néanmoins la Belgique et la Hollande importent au Soudan une quantité de guinée supérieure au double de l'importation des guinées provenant directement de France.

Et si nous considérons les autres tissus de coton : toile blanche, calicots, roumes, liménéas, etc., l'infériorité de notre importation s'accentue davantage encore (1) :

| | TISSUS DE COTON FRANÇAIS | TISSUS DE COTON ÉTRANGERS (Provenant presque tous de Manchester) |
|---|---|---|
| Importés en 1896 | 178.642 f. | 1.548.867 f. |
| — 1897 | 108.217 | 750.497 |
| — 1898 | 42.249 | 1.147.987 |
| — 1899 | 53.722 | 1.225.836 |

(1) Ces évaluations s'appliquent à l'ensemble des territoires qui constituaient l'ancienne colonie du Soudan.
Elles sont simplement approximatives pour 1899.

C'est seulement sur l'article « vêtements et confections » que l'importation française l'emporte (1) :

| Vêtements et confections | de France | de l'Angleterre |
|---|---|---|
| importés en 1898 | 134,379 fr. | 13,305 fr. |
| »        »    1899 | 147,700 | 10,250 |

A quoi donc tient-il qu'en dépit de la situation privilégiée que leur font nos tarifs douaniers (voir plus loin), les étoffes françaises prennent aussi peu de place sur nos marchés? La cause en est bien connue. Ce n'est pas seulement ici, mais partout dans toutes nos colonies et à l'étranger, que le même fait se produit, et que gouverneurs et consuls jettent le même cri d'alarme. L'industrie française ne sait pas ou ne veut pas se plier aux goûts de sa clientèle ; soit routine, soit amour-propre mal entendu, soit manque de hardiesse qui la fait reculer devant un renouvellement de son outillage et de ses méthodes ; elle s'obstine à fabriquer des articles de bonne qualité, mais chers, alors que l'acheteur recherche avant tout le bon marché, sans souci de la qualité. Si jamais le fameux dicton « *leicht und billig* » de M. de Bismark fut justifié, c'est bien lorsqu'il s'agit du commerce avec les noirs. Nous avons exposé des échantillons des tissus d'exportation les plus en faveur parmi nos populations : puissent-ils servir à convaincre nos compatriotes de l'indiscutable vérité de cette affirmation.

Les prix, à Kayes, des tissus européens les plus en faveur dans la contrée sont les suivants :

|  | francs | | | |
|---|---|---|---|---|
| Guinée de l'Inde . . . . . | 6 | à 6,50 | la pièce de 15 mètres |
| Guinée de Belgique, Hollande. | 7,50 à | 8,50 | — | 15 — |
| Toile des Vosges. . . . . . | 10 | à 12 | — | 30 — |
| Calicot . . . . . . . . | 8 | à 10 | — | 30 — |

(1) Ces évaluations s'appliquent à l'ensemble des territoires qui constituaient l'ancienne colonie du Soudan.
Elles sont simplement approximatives pour 1899.

*Sel*. — Il est importé annuellement par les frontières saha-
riennes pour plus de 2,000,000 de francs de sel gemme provenant des mines de Tichit et de Taoudéni. Ce sel, grâce à sa
consistance qui lui permet de supporter impunément les longs
transports à tête d'homme, à dos de chameau, de bœuf ou d'âne,
ce sel alimente non seulement les parties septentrionales, mais
même les régions du sud. Son prix, qui varie de o fr. 50 à
o fr. 75 le kilog à Nioro et à Tombouctou, atteint et dépasse
2 francs le kilog lorsqu'il arrive à Bobo-Dioulasso. On comprend
l'intérêt qu'il y aurait, pour le commerce européen, à s'emparer
d'un trafic aussi important en substituant le sel marin au sel
gemme. Mais pour y parvenir, il faut pouvoir donner par des
moyens mécaniques, au sel marin, la consistance du sel gemme :
un emballage en caisses ne suffirait pas : il ne permettrait pas le
fractionnement indéfini qui fait la supériorité du sel en barres,
au point que les noirs l'emploient couramment comme monnaie
divisionnaire. Plusieurs sociétés françaises se préoccupent actuellement de la fabrication du sel aggloméré. Nous espérons qu'elles
réussiront à résoudre ce problème de mécanique industrielle qui
leur permettra, avec la construction des chemins de fer Sénégal-
Niger et Konakry-Kouroussa, d'évincer le sel du Sahara.

Nous ne dirons que quelques mots des autres articles d'importation. Les produits alimentaires sont généralement destinés à la
consommation des Européens, colons, militaires, fonctionnaires.
Cependant les indigènes achètent une assez grande quantité de
sucre, de biscuit (de mer ou sucré) et de sirops. Jusqu'ici ils
ont su se préserver de la contagion de l'alcoolisme qui sévit dans
certaines colonies côtières et l'importation des eaux-de-vie de
traite est restée extrêmement restreinte. L'importation du sucre
est sans doute appelée à se développer à mesure que le bien-être
pénétrera chez les noirs : ceux-ci sont en effet très friands de
tous les mets sucrés, et, par eux-mêmes, ils ne savent guère
fabriquer que des mélasses de qualité très inférieure. Cependant,

ainsi que nous le verrons plus loin, il est possible que l'industrie européenne arrive à fabriquer sur place même et à très bon marché le sucre destiné à la consommation locale, à l'aide d'une plante très répandue dans la vallée du Niger, le bourgou (prix du sucre brut à Kayes 50 à 55 francs les 100 kilogs, vendu au baril).

Le tabac préféré des indigènes (qui le fument, le prisent et le mâchent) est le tabac de Virginie, qui se vend environ 3 fr. 25 le kilog. Il constitue pour eux un important objet d'échange.

La verroterie (imitation d'ambre, perles coloriées de toute forme, bagues de cornaline, glaces à main), de fabrication allemande ou autrichienne, est très en faveur parmi les noirs, dont on connait le goût pour les breloques et le clinquant. Presque toutes les femmes ornent leur coiffure d'une ou deux boules d'ambre ; toutes portent un ou plusieurs colliers, des bracelets de pieds, un bandeau de perles au front. Tous les modèles de parures sont bons, pourvu qu'ils aient du brillant et joignent à une certaine solidité un prix très modique. Un autre article, d'une vente courante, de provenance étrangère (américaine), que l'industrie française devrait pouvoir fournir, est la carde à coton : on en importe huit à dix mille paires annuellement (valeur à Kayes 2 fr. 50 la paire). La coutellerie, la quincaillerie sont généralement de provenance française ; les noirs achètent surtout des couteaux de cuisine, des sabres de pacotille, des mallettes en fer blanc, des ustensiles de ménage. Les allumettes sont de provenance anglaise, suédoise, tonkinoise (o fr. 25 les 10 boîtes à Kayes). Enfin la parfumerie à bon marché (française), le bleu en boule fréquemment utilisé comme objet d'échange, trouvent un écoulement facile dans tout le pays.

## RÉGIME DOUANIER

Les territoires du Haut-Sénégal et du Moyen-Niger et les territoires militaires sont soumis au même régime douanier que le Sénégal auquel ils ont été rattachés.

Il convient cependant de noter que les conditions particulières dans lesquelles s'exerce le commerce d'importation des produits tirés des contrées de l'intérieur ou y transitant ont amené la création d'une taxe spéciale.

Cette taxe porte le nom d'oussourou. Elle frappe à l'entrée toutes les marchandises importées par les caravanes, à l'exception de la gomme et des guinées d'origine française.

Elle est fixée au dixième en nature des objets importés, sauf en ce qui concerne les guinées étrangères en provenance du Maroc, qui sont soumises à un droit variable.

La perception de l'oussourou a été réglementée par les instructions du 15 mai 1897 et l'arrêté local du 30 décembre 1898. Elle produit en moyenne 400.000 francs par an.

Les caravanes constituent l'unique moyen d'importation sur les frontières du nord et de l'est. Mais c'est la plus faible partie des marchandises consommées qui passe par cette voie. L'importation se fait principalement par le Sénégal, à l'ouest, et par la Guinée, au sud.

C'est également par ces colonies que s'écoulent les produits tirés du sol et exportés en Europe.

A ce titre, il est intéressant de comparer les mouvements du commerce extérieur qui s'effectue par ces deux possessions et le tableau ci-après en donne l'importance exacte pour 1898 et approximative pour 1899.

| | COMMERCE EXTÉRIEUR PAR LE SÉNÉGAL | | |
|---|---|---|---|
| | IMPORTATIONS (non compris les produits du crû du Sénégal) | EXPORTATIONS (non compris les produits restant au Sénégal pour y être consommés) | TOTAL |
| Année 1898 | 4.215.591 f. | 2.063.415 f. | 6.279.000 f. |
| Année 1899 | 5.672.498 | 2.427.342 | 8.099.840 |

| | COMMERCE EXTÉRIEUR PAR LA GUINÉE | | |
|---|---|---|---|
| | IMPORTATIONS (non compris les produits du crû de la Guinée) | EXPORTATIONS (non compris les produits restant en Guinée pour y être consommés) | TOTAL |
| Année 1898 | 280.582 f. | 266.784 f. | 547.366 f. |
| Année 1899 | 717.644 | 1.143.500 | 1.861.144 |

Comme pour toutes les autres statistiques que contient la présente notice, les évaluations de ce tableau ont été déterminées pour l'ensemble des territoires qui constituaient l'ancienne colonie du Soudan, avant la mise en vigueur du décret du 17 octobre 1899.

### PRODUITS DU SOL A UTILISER SUR PLACE

Nous devons, pour achever le tableau des ressources économiques, dire quelques mots des productions dont l'industrie européenne pourrait tirer parti en les utilisant sur place.

*Mil.* — Sous ses différentes variétés, la culture la plus répandue est celle du mil qui constitue la base de la nourriture de l'indigène. Il ne nous intéresse ici qu'à un point de vue, en tant que grain à alcool. Le pays ne possède pas de charbon, et ce com-

bustible y revient fort cher. Ses forêts s'épuiseront vite s'il se
crée des industries nécessitant des moteurs puissants chauffés au
bois. L'idée d'y substituer des moteurs à alcool, et d'extraire sur
place cet alcool du mil, vient naturellement à l'esprit. Jusqu'ici
aucun essai n'a été fait pour la mettre en pratique. Nous n'en
pouvons donc parler qu'à titre d'indication ; mais en insistant sur
l'intérêt que présenterait une pareille entreprise.

*Arachide.* — La consommation européenne d'huile d'arachide
se mesure actuellement par des chiffres considérables ; c'est pour
la *plus grande part* à l'exportation des arachides que le Sénégal
doit sa prospérité actuelle. Dans la haute région, comme au Sénégal, l'arachide vient partout. Seulement les frais de transport jusqu'à la mer sont bien lourds et l'on se demande s'il ne serait pas
préférable de traiter la graine sur place, pour en exporter l'huile,
au lieu de l'envoyer en Europe. La question est douteuse. Mais,
en revanche, on peut incontestablement affirmer que la consommation locale (tant pour l'alimentation que pour l'éclairage et le
graissage des machines) suffirait à faire vivre une ou plusieurs
usines à huile. L'arachide coûte de 80 à 100 fr. la tonne au lieu
de production.

*Ricin.* — Pour l'huile de ricin, l'exportation seule est à envi-
sager. On sait que l'huile brute, facile à fabriquer, a un écoulement assuré en Europe. Le ricin, très abondant dans la haute région, pourrait y être avantageusement exploité dans ce but (le
ricin actuellement n'est pas cultivé, il vient de lui même, et ses
graines sont sans valeur aux yeux des noirs).

*Bourgou.* — Le bourgou est une graminée qui pousse spontanément, dans les terrains inondés de la vallée du Niger au moment des crues. Il couvre alors des superficies immenses. Plante
saccharifère très riche, comparable même à la canne à sucre, il
pourrait servir à fabriquer sur place du sucre à bon marché dont
la vente serait assurée sur place et dans les pays avoisinants. La
matière première ne coûterait rien. Les seuls frais seraient ceux

de la récolte et de la fabrication. Si l'on réfléchit que le sucre
d'importation vaut à Kayes o fr. 80 le kilog, et par suite, après
l'achèvement du chemin de fer, vaudra encore près de 1 fr. 20 à
Tombouctou, on comprend qu'une petite industrie puisse avantageusement tirer parti de cette plante indigène.

### DE LA COLONISATION

Les territoires du Haut-Sénégal et du Moyen-Niger ne sont pas
et ne deviendront probablement jamais des centres de peuplement :
le climat, même dans les parties les plus saines, en est trop rude.
Sans doute, il ne faut pas crier à l'impossibilité absolue ; si l'on
songe que des Hollandais mêlés de Français ont réussi à s'instal-
ler, à se multiplier et constituer finalement une véritable race,
celle des Boërs, dans un pays plus éprouvant encore que le Soudan Français, on comprendra que rien n'est impossible à des
hommes entreprenants, énergiques, vigoureux. Mais il paraît peu
probable que des circonstances analogues à celles qui ont amené
le peuplement par des blancs de l'Afrique australe, viennent à se
reproduire. Et d'ailleurs, si aujourd'hui un mouvement d'émigration important se dessinait en France, il se porterait sur des colonies plus favorables au tempérament européen, l'Algérie, Madagascar, la Nouvelle-Calédonie, par exemple. C'est donc à la
population indigène, stimulée, dirigée, commandée par des blancs,
qu'il appartiendra d'exploiter les ressources du sol et d'en tirer
les matières premières destinées à approvisionner l'industrie métropolitaine, laquelle lui cédera en retour ses produits manufacturés. Si le pays était par lui-même très riche et habité par une
race laborieuse et industrieuse, le rôle de l'Européen pourrait
demeurer étroitement limité au commerce d'échanges ; comme
autrefois, nous nous contenterions de créer dans les centres importants des comptoirs où les noirs nous apporteraient le produit

de leur travail. Mais nous avons vu que, sauf le caoutchouc qui croît spontanément et dont la récolte facile exige peu d'efforts, le pays ne possède pas de matières riches immédiatement exportables : coton, laine, tabac, indigo, café, etc... sont des produits dont l'exploitation intensive demande non seulement un travail considérable, mais même, avec le développement actuel de la concurrence étrangère, un outillage puissant et des connaissances approfondies : travail, outillage, connaissances, ce sont là des éléments que la population noire ne saurait fournir et qui rendent indispensable l'intervention de l'Européen.

La mise en valeur de ces régions suppose donc un système de vastes exploitations agricoles, dirigées par des blancs et employant la main-d'œuvre indigène. Et nous sommes ainsi amenés à étudier le régime des concessions et celui de la main-d'œuvre.

*Concessions.* — Le régime des concessions, en ce moment à l'étude au ministère des colonies, sera déterminé prochainement par un décret spécial. Jusqu'à ce jour c'est l'arrêté local du 28 décembre 1898, nº 604 qui a régi la matière. En vertu de ce texte, les concessions sont données par une simple décision de l'autorité locale jusqu'à concurrence de 1000 hectares de superficie et au taux de 5 fr. l'hectare. Au-dessus de ce chiffre, les concessions seront accordées par décret avec cahier des charges à l'appui, après avis de la commission des concessions, siégeant au ministère des colonies. Aux termes du décret en préparation, les unes et les autres seraient données pour 30 ans aux sociétés et aux particuliers de nationalité française seulement. Aucune concession ne sera délivrée gratuitement : pour les petites concessions de 8.000 à 10.000 hectares, le prix d'acquisition sera calculé probablement à raison de 0 fr. 50 à 1 fr. par hectare, payable immédiatement après signature de l'acte de concession et avant la prise de possession. Le concessionnaire serait ensuite astreint, à partir de la cinquième année, au payement d'un impôt foncier de 0 fr. 15 par hectare. La seule obligation qui incombera au concessionnaire,

Sénégal-Soudan.                                        7

sous peine de déchéance, sera celle de mettre son lot en valeur ; s'il remplit les conditions déterminées par l'arrêté de concession, il pourra, à l'expiration de la période trentenaire, obtenir la possession pleine et entière du terrain qu'il détenait temporairement.

*Propriété foncière.* — La vente des terrains domaniaux est réglée par l'arrêté 603 du 28 décembre 1898. Cet acte ne prévoit que la vente des terrains à bâtir dans les villes ; il ne semble pas en effet qu'il y ait lieu de prévoir l'aliénation définitive de terrains de culture, le régime de la concession étant infiniment préférable. Suivant leur situation par rapport au centre de la ville (place du marché), les terrains sont mis en adjudication sur le prix de base de :

1ʳᵉ zone comprenant tous les terrains situés en bordure sur la place du marché et dans un rayon de 100 mètres à partir de cette bordure : 0 fr. 60 le mètre carré.

2ᵉ zone, s'étendant de la ligne imaginaire de démarcation de la précédente à la limite des dernières maisons : 0 fr. 25 le mètre carré.

3ᵉ zone, représentée par une bande de terrain de 500 mètres de profondeur partant de la limite des dernières maisons : 0 fr. 05 le mètre carré.

*Main-d'œuvre.* — Les territoires du Haut Sénégal et du Moyen Niger, avons-nous dit, sont peu peuplés, 1,5 à 2 habitants par kilomètre carré, par conséquent pauvres en main-d'œuvre. En outre, si les indigènes se montrent peu exigeants sous le rapport de la solde, le travail qu'ils fournissent est en proportion : jamais la fantaisie populaire ne créa de locution plus impropre que celle-ci : « travailler comme un nègre », tout au moins s'il s'agit du travail du nègre libre.

Cette pénurie de la main-d'œuvre ne se fera pas trop vivement sentir tant que la mise en valeur du pays suivra une marche lente, parallèle au mouvement de la repopulation. Les Européens concessionnaires pourront profiter de la facilité avec laquelle les noirs se déplacent, pour recruter dans les régions les plus peuplées, telles que le Mossi, les travailleurs dont ils auront besoin et les transporter sur leurs domaines. Mais si la création simultanée d'un grand nombre d'exploitations intensives dirigées par des Européens, nécessitait immédiatement une main-d'œuvre abondante, la difficulté de se la procurer deviendrait un embarras sérieux. Il faudrait faire venir des travailleurs des colonies voisines, Sénégal, colonies de la côte. Mais celles-ci n'ont pas elles-mêmes un excédent de population considérable ; on sait que le Sénégal a déjà jeté un cri d'alarme, au sujet du recrutement sur son territoire, d'ouvriers et de soldats au bénéfice du Congo et de Madagascar. En outre, il faut bien avouer que les uns et les autres, noirs du Niger, du Sénégal et de la Guinée et d'ailleurs, montrent peu de penchant à travailler sous nos ordres : ils savent que nous exigeons d'eux un labeur régulier, continu, uniforme, et rien ne répugne davantage à leur tempérament héréditaire. Le noir est susceptible d'efforts considérables, mais de courte durée ; son caractère fantasque ignore la persévérance. La question de la main-d'œuvre peut donc devenir capitale.

Il est une idée que nous ne ferons qu'indiquer en passant à ce propos, parce que nous nous rendons compte des difficultés d'application qu'elle soulèverait, mais qui, cependant, paraît mériter d'être étudiée et pourrait peut-être hâter énormément la mise en valeur de ce pays : elle consisterait à déterminer un mouvement d'émigration des noirs des Etats-Unis en Afrique Occidentale. Nul n'ignore que le nombre croissant des noirs dans les Etats du sud effraye depuis plusieurs années la grande confédération américaine : nombre d'écrivains y dénoncent annuellement le « péril nègre ». D'autre part, les cas fréquents de lynchage prouvent que l'homme de couleur n'y jouit pas toujours, malgré sa qualité de citoyen, d'une situation très enviable. Peut-être serait-il possible, en leur conférant des avantages bien entendus, de ramener au pays d'origine de leurs ancêtres ces noirs d'Amérique, qui deviendraient sous notre gouvernement les éducateurs et les émancipateurs de leurs pères d'Afrique ?

Quoi qu'il en soit, la situation actuelle de la main-d'œuvre au Soudan est la suivante : il n'existe pas d'ouvriers proprement dits, en dehors de ceux que nous avons formés pour les besoins de nos services ; la division du travail est à peu près inconnue, et, sauf les forgerons et, dans certains pays, les tisserands et les tanneurs, il n'y a pas de noirs exerçant un véritable métier. En revanche, presque tous les indigènes sont agriculteurs, et pour le travail de la terre, on peut admettre que les femmes valent les hommes.

Les simples manœuvres, pour quelque genre de travail qu'on les emploie (agriculture ou industrie) se paient de 0 fr. 50 à 1 fr. plus la nourriture qu'on peut évaluer à 0 fr. 15 par jour, et qu'il faut leur assurer si on ne veut pas les voir abandonner le travail à l'époque des pluies pour aller cultiver leurs champs. Les surveillants, chefs d'équipe ou de chantier (il en faut une forte proportion pour obtenir des manœuvres un rendement sérieux) coûtent de 1 fr. 50 à 2 fr. 50 par jour. Enfin, tout ouvrier de métier, tout noir intelligent, auquel on confie une besogne importante, exige de 3 à 6 francs.

*Immigration blanche, capitaux nécessaires.* — L'Européen qui veut résister longtemps au climat doit rentrer périodiquement, tous les deux ou trois ans au moins, dans la mère-patrie pour s'y reposer pendant quelques mois. De ce fait, il résulte immédiatement que notre colonie est fermée à l'immigration des familles nombreuses ; d'ailleurs, les enfants et les adolescents n'en supporteraient probablement pas les températures extrêmes. Les colons qu'il faut dans ces régions, ce sont des individus isolés ou des ménages sans enfants, qui conserveront autant que possible des attaches dans leur pays d'origine pour avoir une maison qui les accueille, lorsqu'ils viendront s'y reposer ; les immigrants devront avoir atteint l'âge de 25 ans, jouir d'une constitution robuste, être sobres, endurants et industrieux.

L'Européen peut venir soit comme représentant ou agent d'un particulier résidant en Europe, soit comme agriculteur ou commerçant opérant pour son propre compte. Dans le premier cas, la solde de l'agent est une question à débattre entre lui et son chef; nous indiquerons seulement à titre de renseignement que les dépenses personnelles (nourriture, habillement, boy (logement non compris) d'un Européen au Soudan peuvent être évaluées à un minimum de 1500 fr. par an.

L'immigrant qui veut s'établir à son compte, doit disposer d'un certain capital. Si difficile qu'il soit de déterminer le chiffre minimum de ce capital, nous allons essayer de le faire. De toutes les exploitations, celle qui exige le moins de dépenses de premier établissement, est celle du caoutchouc : nous la prendrons pour base. La liane gohine se trouve très inégalement répartie dans les régions où elle croît et son rendement varie considérablement : ici, 100 hectares peuvent rendre annuellement 1 tonne de caoutchouc, ou même davantage. Ailleurs, sur la même superficie, on n'en récoltera qu'une centaine de kilogs. Le petit colon, avant de demander sa concession, devra donc explorer la région où il veut s'établir et choisir son emplacement définitif dans les conditions les plus avantageuses. En procédant ainsi, il pourra réduire au strict minimum la superficie demandée, soit à 100 hectares (au-dessous de ce chiffre, son activité ne trouverait pas un champ d'action suffisant pour s'employer utilement) ; ces 100 hectares bien choisis devront renfermer 25 lianes à l'hectare, donnant un rendement annuel de 400 grammes de caoutchouc par tête. Ces chiffres n'ont rien d'exagéré ; mais, nous le répétons, à condition que le terrain de la concession ait été judicieusement choisi. Quelles seront les dépenses auxquelles le colon aura dû faire face avant de réaliser le moindre bénéfice ?

Équipement, habillement . . . . . . . . . .    500 fr.
Voyage de France à Kayes en 3ᵉ classe, au minimum.    300
De Kayes à la région choisie, reconnaissance du terrain
      demandé . . . . . . . . . . . . . .    350
Achat de la concession . . . . . . . . . .    500
Frais d'installation, matériel, etc . . . . . . .    400
Nourriture pendant un an, boy . . . . . . . .    1500
Deux ouvriers pendant un an . . . . . . . .    700
Transport d'une tonne de caoutchouc au lieu de
      vente (1) . . . . . . . . . . . . . .    100
                                   Total . . .   4350 fr.

Tous ces chiffres sont calculés au strict minimum. D'autre part, une tonne de caoutchouc se vendra sur place environ 3500 francs, peut-être 4000, s'il est de très belle qualité. Le colon ne réalisera donc aucun bénéfice la 1ʳᵉ année. En outre, l'expérience a démontré depuis longtemps qu'un colon ne doit pas engager plus de la moitié de son capital dans les entreprises de début. On voit donc que le strict minimum du capital avec lequel notre homme aura dû partir de France, s'élève à 10,000 francs. La 2ᵉ année, les dépenses seront de 2500 fr. environ, la recette de 3500 francs à 4000 francs, soit environ 1000 fr. de bénéfice; la 3ᵉ année de même; mais cette recette de la 3ᵉ année sera absorbée par le voyage en France que le colon devra faire pour se remettre de ses fatigues. A partir de la 6ᵉ année, les bénéfices devront devenir plus considérables; nous supposons en effet que, dès le début, le colon aura planté de nouvelles lianes à caoutchouc, qui commenceront à produire au bout de 5 ans. Dès la 8ᵉ année, le rendement pourra être de 2 tonnes, soit un bénéfice annuel de 4 à 5000 francs. Les moyens du colon augmentant,

_____

(1) Nous supposons que le petit colon n'enverra pas vendre son caoutchouc en France, mais le cédera sur place à un commerçant pratiquant l'exportation en grand.

il pourra demander une extension de sa concession, joindre à l'exploitation du caoutchouc celle d'autres produits, si le sol s'y prête.

Ainsi donc, avec beaucoup de travail, d'énergie, d'industrie, de sobriété et d'économie, un colon disposant au minimum de 10,000 fr. de capital, peut les faire fructifier assez rapidement par l'exploitation du caoutchouc, et arriver en 20 ans à réaliser une petite fortune.

Est-ce à dire que nous recommandions cette contrée comme particulièrement favorable à la petite colonisation ? Aucunement. Nous pensons, au contraire, que les petits capitaux peuvent s'employer plus avantageusement dans d'autres colonies (Algérie, Tunisie, Madagascar) et que les vastes espaces de cette partie de l'Afrique Occidentale doivent être plutôt concédés par lots de 10,000 à 50,000 hectares, à des sociétés ou à des particuliers disposant de moyens d'action puissants. Nous voulions seulement prouver qu'un minimum de 10,000 fr. est nécessaire pour s'y tirer d'affaire en choisissant le genre d'exploitation le plus promptement rémunérateur.

Il nous est malaisé de donner des chiffres se rapportant aux autres exploitations agricoles (coton, tabac, café). Les renseignements que nous possédons à cet égard n'offrent pas de précision suffisante. Mais, à coup sûr, tout étant à créer dans une entreprise de ce genre, la première mise nécessaire serait beaucoup plus considérable que dans une concession caoutchoutière. En outre, en raison de la concurrence étrangère, des cultures de coton et de tabac ne peuvent réussir qu'en employant les procédés intensifs consacrés par l'expérience des peuples civilisés, ce qui suppose un outillage puissant et des capitaux considérables.

A titre de simple indication, et sans garantir aucunement l'exactitude des chiffres qui suivent, nous allons essayer d'établir le devis d'une plantation de coton. Nous la supposons d'une superficie de 1000 hectares, établie au centre de la zone coton-

nière (aux environs de Sansanding). Nous admettons (c'est ici
surtout que règne l'incertitude) que le rendement est de 600 kgs
de coton brut à l'hectare, produisant 160 kgs de coton égrené.

| DÉPENSES DE 1ᵉʳ ÉTABLISSEMENT | | DÉPENSES ANNUELLES | |
| --- | --- | --- | --- |
| Concession de 1000 hectares . . . | 5.000 fr. | Amortissement des dépenses de premier établissement | 10.000 fr. |
| Construction de bâtiments pour habitation, magasins, écuries, machines | 50.000 fr. | Solde de 4 européens (5000 fr. en moy.) | 20.000 fr. |
| Achat d'une locomobile, 10 égreneuses, 1 presse, 1 matériel agricole. . | 50.000 fr. | Voyage en France d'un européen tous les 3 ans. . . . | 4.000 fr. |
| Transport de ce matériel et du personnel à main-d'œuv. | 20.000 fr. | Personnel noir permanent (50 ouvr., surveillants, mécaniciens) . . | 20.000 fr. |
| TOTAL . . 125.000 fr. | | Nourriture et entretien des animaux. | 9.000 fr. |
| A amortir en 15 ans, soit par an environ, 9.000 fr. | | Personnel temporaire (semailles et récolte). . . . | 1.000 fr. |
| Achat de 80 bœufs de labour, 4 800 fr. | | Egrenage et emballage. . . . . | 12.000 fr. |
| Achat de 10 chevaux de trait, 2.000 fr. | | Transport au Havre de 160 tonnes de coton . . . . | 22.000 fr. |
| Soit 6.800 fr. à amortir en 5 ans, par an 1 360 fr. | | Faux frais de toute espèce (10 fr. par tonne) . . . . | 1.600 fr. |
| | | TOTAL . . 99.600 fr. | |
| | | Soit en chiffres ronds 100.000 fr. | |

On voit que le capital d'entrée de jeu devrait être au moins
de 250.000 francs pour permettre de faire face aux dépenses de
la première année et garder un tiers en réserve pour l'imprévu.
Que pourrait être le bénéfice? En admettant que le coton se
vende 40 fr. les 50 kgs (ce qui paraît assez modéré), 160 tonnes
représenteraient 128.000 francs soit un excédent de 28.000 fr. sur
les dépenses annuelles, c'est-à-dire un rendement de 8 o/o du

capital engagé. Mais, nous le répétons, tous les chiffres ci-dessus sont de simples indications : le rendement à l'hectare, les frais de culture sont des données très variables pour lesquelles nous avons dû admettre des chiffres hypothétiques. Il est possible qu'on soit obligé d'engraisser les terres artificiellement ce qui augmenterait les dépenses. Le prix de vente en France, lui-même, est susceptible de fluctuations importantes, qui feraient croître ou diminuer les recettes prévues ci-dessus. Cependant, il semble bien, en somme, qu'une exploitation de coton bien conduite doit donner un rendement avantageux. Il va de soi que le rendement du capital engagé grandirait avec l'importance de l'exploitation.

L'agriculture doit former le champ d'action de la plupart de nos compatriotes. Parallèlement à elle, tout naturellement, se développe le commerce. Vouloir fixer à priori le capital nécessaire pour une entreprise commerciale serait une prétention ridicule : nous n'en dirons qu'un mot : un capital initial de 20.000 à 25.000 francs paraît être le minimum nécessaire à un petit commerçant, et encore en supposant que celui-ci connaît déjà le pays, ses ressources, les procédés à employer avec les indigènes, et qu'il possède au plus haut point toutes les qualités de son métier.

A côté de l'agriculture et du commerce, il y aura place pour quelques industries. Nous avons déjà parlé des mines d'or, nous n'y reviendrons pas. Les industries locales qui paraissent pouvoir prospérer sont : la fabrication d'huiles pour l'exportation, d'alcools industriels, de sucre de borgou pour l'alimentation de l'Afrique occidentale, la filature, le tissage et la teinturerie pour la fabrication sur place des tissus bon marché, chers aux noirs. Mais cette dernière industrie reste subordonnée à la découverte d'un combustible bon marché pour l'alimentation des appareils moteurs, le pays ne possédant pas de charbon et ses forêts devant rapidement s'épuiser si elles sont employées à alimenter des usines. Quant à la petite industrie des villes, confections, cordonnerie, menuiserie, ameublement, etc., elle n'aurait pas de raison d'être dans cette colonie où l'immigration européenne restera toujours extrêmement restreinte.

*Communications avec la mère-patrie. Voyages dans l'intérieur.* — Les communications avec la mère-patrie sont assurées par une seule voie, celle du Sénégal. L'ouverture d'un chemin de fer de Konakry au Niger mettra, dans quelques années, la région sud en relations faciles et économiques avec la côte ; mais aussi longtemps que cette ligne ferrée ne sera pas tracée, le sud lui-même enverra la plupart de ses produits d'exportation sur Kayes et, de là, en France par Saint-Louis.

Nous n'étudierons donc que cette voie. Elle se compose de plusieurs tronçons :

1° France-Sénégal : Marseille, Bordeaux ou le Havre à Dakar ou Saint-Louis (voir la notice du Sénégal).

2° Saint-Louis-Kayes.

*Voyageurs.* — Le service fluvial est assuré pendant environ 5 mois (15 juin-15 novembre) par des vapeurs fluviaux : ceux-ci partent de Saint-Louis en général le surlendemain de l'arrivée à Dakar des paquebots des Messageries Maritimes venant de Bordeaux. Ils emportent ainsi le courrier et les passagers à destination du Soudan. Le voyage de Saint-Louis à Kayes dure de 8 à 10 jours.

Tarif des passages : 1ʳᵉ classe : 60 fr. + nourriture obligatoire à 10 fr. par jour; 2ᵉ classe : 30 fr. + nourriture facultative à 2 fr. 50 par jour.

Du 15 novembre au 15 juin, en raison de la baisse des eaux du Sénégal, les vapeurs fluviaux ne peuvent remonter jusqu'à Kayes. Ils doivent alors s'arrêter aux escales en aval (1) et y déposer leurs passagers, qui continuent leur voyage, soit par

---

(1) En toute saison, les vapeurs remontent jusqu'à Podor ; prix du passage de Saint-Louis à Podor : 1ʳᵉ classe : 25 fr. ; 2ᵉ classe : 12 fr. 50. Durée moyenne du trajet Podor-Kayes en chaland aux basses-eaux : 30 jours.

terre avec des porteurs, soit plus généralement au moyen des chalands du commerce. Ces derniers se louent en moyenne 5 fr. par jour (2 à 3 tonnes).

*Marchandises et bagages.* — Les marchandises, comme les passagers, sont transportées par les vapeurs des messageries fluviales ou par les chalands du commerce.

Prix du fret sur les messageries fluviales :

A la montée : 35 fr. la tonne (Réduction de 10 o/o au-dessus de 25 tonnes) ; à la descente : 22 fr. 50 la tonne ; de 1 à 20 tonnes ; 15 fr. la tonne au-dessus.

Petits colis : 2 fr. par colis.

*Remarque.* — En avril et mai, les eaux du Sénégal sont au plus bas ; toute navigation, même en chalands, est interrompue en amont de Podor.

*Vapeurs de la participation maritime.* — Pendant une très courte période de temps, du 15 août au 10 septembre environ, Kayes est accessible aux steamers de 2000 à 2,500 tonneaux venant directement de France. Un certain nombre de vapeurs appartenant à un syndicat d'armateurs de Bordeaux font ce service : ils ne prennent qu'exceptionnellement des passagers. C'est la période intensive du commerce tant d'importation que d'exportation.

3° Kayes-Bamako. Cette section de 500 kilomètres de long sera desservie entièrement par le chemin de fer Sénégal-Niger, à partir de l'année 1905. Actuellement (mai 1900) le chemin de fer s'arrête à Toukoto (239 kilom. de Kayes).

Tarif des transports de Kayes à Toukoto.

Passagers : 1re classe : 47 fr. 80 ; 2e classe : 28 fr. 70. Bagages : 1 fr. 20 par 10 kilogs. Marchandises : Kayes-Toukoto : 119 fr. 50 la tonne ; Toukoto-Kayes : 16 fr. 75 la tonne.

Le voyage de Toukoto au Niger (Bamako) s'effectue, soit à cheval avec des porteurs, soit par voitures automobiles. Il existe à Kita une sorte de corporation des porteurs indigènes spécialement employés par le commerce. Le transport des bagages et marchandises par porteurs entre Toukoto et Bamako et inversement revient à environ 40 fr. les 100 kgs; la location d'un cheval pour le même trajet coûte une cinquantaine de francs.

Le tarif des voitures automobiles est indiqué ci-dessous :

Voyageurs : Toukoto-Bamako : 250 francs. Marchandises et bagages : Montée (importation), 820 fr. la tonne ou le m. c. ; descente (exportation), bagages : 820 fr. la tonne.

1$^{re}$ catégorie (400 fr.) : ivoire, caoutchouc, gomme; 2$^e$ catégorie (300 fr.) : tabac, huile, cire ; 3$^e$ catégorie (200 fr.) : grains, cotons.

4° Bamako à Siguiri et Dinguiray. Kouroussa, Kankan.

Bamako est la tête du bief navigable du Niger qui dessert la région sud. Ce bief est navigable jusqu'à Siguiri et Dinguiray (Tankisso) pour les chalands de 2 à 3 tonnes pendant toute l'année, jusqu'à Kouroussa et Kankan (Milo) de juin à décembre seulement. Les commerçants emploient pour leurs transports soit des pirogues louées aux noirs, soit les chalands de l'administration.

| | TARIF DES CHALANDS DE L'ADMINISTRATION | | | |
|---|---|---|---|---|
| | DISTANCE | PASSAGERS | MARCHANDISES (la tonne) | |
| | | | MONTÉE | DESCENTE |
| Bamako à Siguiri . . | 210 kil. | 12 fr. 60 | 31 fr. 50 | 15 fr. 75 |
| Id.      à Kouroussa . | 350 — | 21 fr. » | 52 fr. 50 | 26 fr. 25 |
| Id.      à Kaukan . . | 360 — | 21 fr. 60 | 54 fr. » | 27 fr. » |

De Bamako, Siguiri, Kankan, Kouroussa, Dinguiray partent les routes de terre ou, pour parler plus exactement, les pistes qui sillonnent toute la région sud.

5° Bamako-Koulikoro. Cette section du Niger n'étant pas navigable, il faut longer le fleuve par terre. Les transports s'exécutent par porteurs (environ 10 fr. les 100 kgs), voitures Lefèvre appartenant à l'administration, ou voitures automobiles (ce dernier service n'est pas encore organisé).

6° Koulikoro-Kabara (Tombouctou). De Koulikoro (plus exactement de Toulimandio, à 15 kil. en avant de Koulikoro), le Niger redevient navigable, et le bief qui prend naissance en ce point, se prolonge jusqu'aux cataractes de Boussa, coupé par un certain nombre de barrages franchissables seulement aux hautes-eaux. Entre Koulikoro et Kabara (port de Tombouctou), le Niger est navigable toute l'année pour les petits chalands et les pirogues : les grands chalands de 50 tonnes y circulent seulement de juillet à janvier. Le commerce utilise pour ses transports les grandes pirogues des indigènes (de 5 tonnes environ) ou les chalands de l'administration.

| | | | TARIF DES CHALANDS | |
|---|---|---|---|---|
| | DISTANCE | PASSAGERS | MARCHANDISES (la tonne) | |
| | | | MONTÉE | DESCENTE |
| Koulikoro à Ségou . | 160 kil. | 9 fr. 60 | 24 fr. » | 12 fr. » |
| Id.    à Djenné . | 445 — | 26 fr. 70 | 66 fr. 75 | 33 fr. 40 |
| Id.    à Kabara . | 825 — | 49 fr. 50 | 123 fr. 75 | 61 fr. 85 |

Des ports du Niger partent les pistes qui conduisent dans l'intérieur et ne sont praticables qu'aux porteurs. Ceux-ci portent en général de 25 à 30 kgs et font environ 25 kil. par jour. On leur donne un salaire quotidien de 0 fr. 75 à 1 fr. en moyenne, nourriture comprise.

*Équipement, conditions de l'existence.* — Les bagages qu'un immigrant apporte avec lui dépendent naturellement du genre d'opérations qu'il compte entreprendre. Nous ne nous occuperons ici que des effets personnels nécessaires à quiconque voyage dans ces régions. Les réduire au strict minimum constitue naturellement une condition indispensable, puisque, dès qu'on s'éloigne de la grande artère Kayes-Bamako, cours du Niger, on n'a plus comme moyen de transport que le porteur. Pour la même raison, on doit les fractionner par colis de 25 kgs.

*Habillement.* — Des vêtements de toile blanche, bleue ou cachou, du linge de corps en satinette, tussor ou en filet de coton (la flanelle n'est pas agréable à porter au Soudan ; elle active l'inflammation connue sous le nom de « bourbouille »), l'indispensable ceinture de flanelle pour protéger les entrailles contre la fraîcheur ou l'humidité des nuits, un manteau ou une couverture de laine (le burnous algérien remplace avantageusement l'un et l'autre), une pèlerine en caoutchouc, si l'on doit voyager dans la saison des pluies, le casque colonial et une coiffure légère quelconque pour le remplacer après le coucher du soleil, de bons brodequins (on trouve à se faire faire, par les cordonniers indigènes, des bottes légères, fort agréables à cheval). Voilà l'indispensable.

*Équipement.* — Une arme est inutile si on ne doit pas s'aventurer dans des régions incomplètement soumises à notre autorité et ayant eu jusqu'à présent peu ou point de contact avec l'Européen. A vrai dire, on peut voyager presque partout en toute sécurité dans les territoires organisés, sauf dans la boucle du Niger où quelque surprise des Touaregs, race essentiellement guerrière et pillarde, est toujours à craindre. Doit-on redouter les attaques des bêtes fauves ? Non, mais pour parer à toute éventualité, surtout lorsqu'on circule isolément, il est nécessaire d'avoir avec soi une excellente carabine Winchester.

Il y a utilité à ce que les Européens, surtout ceux qui s'adonnent volontiers en France aux exploits cynégétiques, apportent avec eux un fusil de chasse. Le gibier abonde (lièvres, cobas, gazelles, bêtes à poil ; pintades, perdrix, canards et oies sauvages, bêtes à plumes) et la chasse est une grande ressource pour ceux qui voyagent dans la brousse. On peut se procurer à Kayes,

à Bamako et à Tombouctou, chez les commerçants, les muni-
tions nécessaires pour fusils à percussion centrale et à broches,
calibres 12 et 16.

Le colon ou le commerçant, qui vient résider dans le pays,
doit avoir dans ses bagages une sellerie, qui lui servira dans tous
ses déplacements à l'intérieur. Ajoutez à cela un lit Picot, une
table pliante avec chaise ou fauteuil Archinard, une cantine popote
(ustensiles de cuisine) et vous ne vous trouverez jamais pris au
dépourvu.

*Conditions de l'existence.* — Le coût de la vie de l'Européen
qui se contente d'une table assez modeste, est de 1500 fr. au
minimum par an. Il est de première nécessité que l'immigrant
se précautionne avant son départ de France de quelques caisses
de vin pour sa consommation; à Kayes, les commerçants ven-
dent le vin de 0 fr. 90 à 1 fr. la bouteille de 75 centilitres. Dans
tous les autres centres importants comme Kita, Bamako, on ne
peut se procurer de vin à moins de 2 fr. 50 ou 3 fr. la bouteille.
L'administration autorise les Européens à percevoir dans tous les
postes, à titre remboursable, la ration de pain et de viande. Le
pain vaut de 1 fr. à 1 fr. 50 le kg. Le prix de la viande de bœuf
est de 0 fr. 50 à 0 fr. 90 le kg. Dans les marchés indigènes
importants qui se tiennent dans les grands cercles, on trouve de
la viande de mouton à l'exclusion de toute autre. Un mouton
vivant se paie de 5 à 7 francs. Dans les villages, on peut toujours s'approvisionner en lait, beurre, œufs et poulets.

Celui qui doit se déplacer très souvent et vivre dans la brousse,
aura soin de ne pas oublier d'apporter trois ou quatre caisses de
conserves, en particulier des conserves de légumes. En station,
il est facile d'entretenir un jardin et la plupart des légumes de
France viennent à merveille.

*Domestiques.* — On trouve facilement à Kayes, à Kita, à Bamako et à Kati des domestiques (boys) depuis 20 fr. jusqu'à 30 fr.
par mois. Un cuisinier sachant bien accommoder les plats à la mode

française ne demande pas moins de 40 à 50 fr. de salaire. Mais, d'une manière générale, tous les boys savent plus ou moins faire la cuisine.

*Monnaie.* — *Echange,* — Le numéraire employé dans les transactions avec les indigènes est la pièce de 5 fr., la monnaie divisionnaire d'argent et le billon.

A partir de Bamako et dans toute la vallé du Niger jusqu'à Tombouctou, dans une partie de la Volta et de la région sud, la monnaie courante est le cauri (petit coquillage); 960 à 1000 cauris représentent la valeur de 1 fr. Le plus souvent, les transactions se font par échange avec des barres de sel, des kolas ou des pièces de guinée. Les perles en verroterie servent aussi de monnaie, de même que les tiges de fer forgé ou de cuivre dans les régions où l'on extrait des métaux de la terre.

*Hygiène.* — La condition essentielle pour se bien porter est de vivre avec beaucoup d'hygiène et de tempérance. Plus que jamais une vie réglée s'impose. L'alcool est préjudiciable à la santé et il faut en consommer le moins possible. Le café et le thé sont, avec le vin, les meilleures boissons. Ne jamais boire d'eau qui n'ait été bouillie ou filtrée. Un peu d'exercice matin et soir est indispensable pour se bien porter, mais en évitant toute exagération. Fuir le soleil de 10 heures du matin à 4 heures du soir est encore une sage recommandation. Il serait puéril d'essayer de lutter contre ce qu'on a appelé si judicieusement les forces immanentes de l'atmosphère. Vouloir braver le soleil, c'est s'exposer à une mort certaine.

La quinine est un excellent préventif et un remède contre la fièvre. Il est nécessaire d'en avoir toujours avec soi.

*Conclusion.* — En résumé, la région du Haut-Sénégal et du Moyen-Niger fait entrevoir de belles et sérieuses espérances. Son immense territoire, auquel la conquête ajoute chaque année une parcelle, offre déjà aux commerçants et aux colons un vaste champ où leur initiative et leur intelligence peuvent se donner carrière et où il y a place pour les grands et les petits capitaux. L'industrie privée est destinée à donner dans l'avenir un essor considérable à la colonie. La réussite appartiendra à ceux qui ne se laisseront pas rebuter par les difficultés de la première heure et qui sauront tirer parti, en temps voulu, des ressources et des richesses qui leur sont offertes. Travailler dans ce but, c'est travailler au bon renom de la France et continuer à répandre à travers le monde les bienfaits de la civilisation.

# BIBLIOGRAPHIE

BINGER, Du Haut-Niger au golfe de Guinée, 2 vol., 1887-1889.

ANCELLE, Les explorations au Sénégal et dans les contrées voisines, 2 vol., 1886.

ARCHINARD, Le Soudan Français en 1888-1889, brochure, 1890.

AUBE, La pénétration dans l'Afrique centrale.

BORGÈS, Le Sahara et le Soudan, 1 vol., 1853.

BARTH, Voyages et découvertes dans l'Afrique, 4 vol., 1861.

BISSUEL, Les Touaregs de l'Ouest, 1 vol., 1888.

BOIS, De Dakar au Niger, 1 vol., 1887.

BOUNEL, Voyages dans le pays des Maures, 1 vol., 1860.

BORY, Les explorateurs de l'Afrique, 1 vol., 1860.

BURDO, Niger et Benne, 1 vol., 1880.

BONNETAIN, Dans la brousse, 1 vol., 1895.

CAILLÉ, Journal d'un voyage à Tombouctou et à Dienné, 3 vol., 1824.

CARON, De Saint-Louis à Tombouctou, 1 vol., 1891.

CARON, Notice sur le cours du Niger, 1 vol., 1889.

DUBOIS, Tombouctou la Mystérieuse, 1 vol., 1897.

DUVEYRIER, Les Touaregs du Nord, 1 vol., 1864.

FAIDHERBE, L'avenir du Soudan et du Sahara, 1 vol., 1889.

FOURNEL, Les routes du Soudan, 1 vol., 1887.

FREY, Campagne dans le Haut-Sénégal et dans le Haut-Niger, 1 vol., 1888.

GALLIENI, Deux campagnes au Soudan Français, 1 vol., 1891.

HUMBERT, La France au Soudan, 1 vol., 1891.

JAIME, De Koulikoro à Tombouctou, 1 vol., 1894.

MAGE, Voyage dans le Soudan Occidental, 1 vol., 1868.

MAUVIN, Les caravanes françaises au Soudan, 1 vol., 1863.

MERCIER, La France dans le Sahara et au Soudan, 1 vol., 1889.

LENZ, Tombouctou, 2 vol., 1887.

MUNGO-LARK, Voyage dans l'intérieur de l'Afrique, 1 vol., 1795.

NOIROT, A travers le Fouta-Djallon et le Bambouck, 1882.

GALLIENI, Mission dans le Haut-Niger et à Ségou, 1 vol., 1883.

PEROZ, Au Soudan français, 1 vol , 1896.

PEROZ, Au Niger (Récits et campagnes), 1 vol., 1895.

PHILEBERT, Création de postes sur la route du Soudan, 1 vol., 1890.

PIETRI, Les Français au Niger, 1 vol., 1885.

RAFFENEL, Le pays des nègres, 2 vol., 1856.

DE RYVOIRE, Au pays du Soudan, 1885.

ROBERT, Du Sénégal au Niger, 1 vol.

ROUX, Notice historique sur le Boundon, 1 vol., 1893.

SANDERVAL, Au Soudan Français, 1 vol., 1893.

SOLEILLET, P. Soleillet en Afrique, 1 vol., 1891.

VERMINCK, Voyage aux sources du Niger, 1 vol., 1886.

VIARD, Au bas Niger, 1 vol., 1886.

MINISTÈRE DE LA MARINE ET DES COLONIES, La France dans l'Afrique Occidentale, 1 vol., 1884.

LAGRILLIÈRE, Rapports commerciaux, suite de mission.

SOLEILLET, Voyages et découvertes de P. Soleillet, 1 vol , 1881.

BECHET, Cinq ans au Soudan, 1 vol., 1889.

MONTEIL, De Saint-Louis à la Tripolitaine par le lac Tchad.

# NOTICES ET RAPPORTS

A LA DISPOSITION DES VISITEURS A LA BIBLIOTHÈQUE DE
L'OFFICE COLONIAL

*Galeries d'Orléans — Palais Royal — Paris.*

Notice agricole, industrielle et commerciale sur le Soudan.
La justice au Soudan Français.
Les écoles au Soudan Français.
Ethnologie des tribus Touaregs.
Ethnologie du Soudan Français.
Régions aurifères du Soudan (Bambouck).
Ethnologie des états d'Aguibou.
Administration du Soudan.
Historique résumé de la pénétration dans la boucle du Niger.
Notice sur les Maures du Sénégal et du Soudan.
— historique sur la région du Sahel.
— géographique —
— — sur le cercle de Ségou.
— historique —
Entrée des Français à Tombouctou.
Notice sur le Tombouctou (1894 à août 1896).
— historique sur la région Nord.
— géographique —

L'occupa tion et l'organisation de la boucle du Niger.

Notice sur la région de Tombouctou.

Rapport commercial, agricole et industriel sur le Soudan, 1897.

—        —        —        —        —    1898.

Compte-rendu de la situation commerciale fin 1898.

Rapport sur les augmentations ou les diminutions du trafic du Soudan
Français en 1898.

Rapport sur l'expérience d'exportation du coton.

11

# TABLE DES MATIÈRES

124 TABLE DES MATIÈRES

DIJON, IMPRIMERIE DARANTIERE.

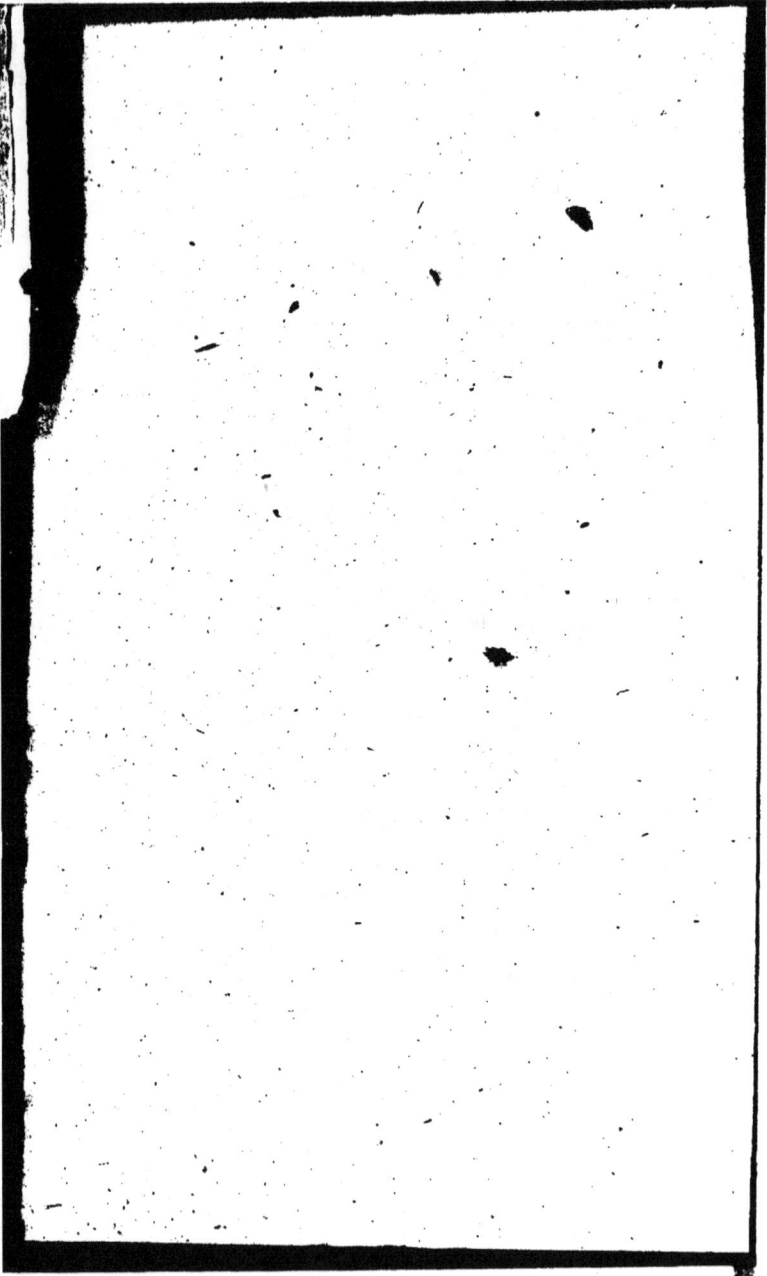

www.ingramcontent.com/pod-product-compliance
Lightning Source LLC
Chambersburg PA
CBHW051733090426
42738CB00010B/2239